**형상시학**

하늘 속의
**별**을
밥인 듯 먹으며

# 형상시학

2025

형상시학회

| 출판의 辯 |
## 《형상시학》 열세 번째 이야기

　햇살이 뜨거워도, 고개 더 높이 들어 올리는 해바라기처럼 여름을 시와 함께 보냈습니다. 나뭇가지 끝마다 매달린 바람이 띄우는, 투명한 음표가 거리마다 쏟아집니다. 시처럼.

　시를 쓴다는 것은, 고독한 영혼을 흔드는 일. 시 없이는 버틸 수 없는 삶의 순간들을 지나며 함께 걸어온 길, 어언 열세 번째 이야기

　어느 시인의 말처럼 "시는 말로 표현된 것 가운데 번역될 수 없는 그 무엇." '번역될 수 없는 그 무엇'을 붙잡기 위해 종종 밤을 지새우고, 수십 장의 종이를 버렸습니다.

　그러나 우리는 서로의 시를 읽고 공감하고, 어깨 다독이며 다시금 용기를 얻었습니다.

서툴고 미완의 빛을 띠고 있을지라도 회원들의 땀과 웃음, 시를 향한 간절함을 자축하는 시간, 이보다 복된 일이 어디 있으리오.

전쟁과 변화무쌍한 세계 정세와 기상이변 등 혼돈과 아픔 속에서도 다수 회원이 개인 시집을 출간하였고, 문학상 수상과 유수의 문예지에 뛰어난 작품을 발표하는, 왕성한 시작 열정에 박수를 보냅니다.

《형상시학》열세 번째 이야기를 펼치는 모든 분에게 기쁨과 행복이 별빛처럼 쏟아지시길!

2025년을 마무리하며
회장 임 서 윤

차례

- 출판의 辯 | 임서윤 ___3
- 고문 초대시

  박윤배 | 물밥 ___10
  이태수 | 달항아리 ___12
  우영규 | 하루를 차려놓고 ___14
  김준규 | 나의 겨울밤 ___16

- 자문위원 초대시

  문성해 | 초록의 사용법 ___18
  서영처 | 한여름 밤의 꿈 ___19
  류인서 | 이야기보다 더 긴 ___20
  정하해 | 칠월, 그리고 군락지 ___22

- 형상의 시인들

  권영숙 | 냉동 눈물 외 4편 ___27
  김상순 | 숫자놀이 외 4편 ___35
  김정아 | 응시 외 3편 ___45
  김주명 | 초록 연골 외 4편 ___55
  박만성 | 다섯 숟가락 외 3편 ___61
  박영선 | 유등지 연가蓮歌 외 3편 ___67
  심수자 | 무성한 풀숲 외 4편 ___73
  오상연 | 유리병 속의 호수 외 3편 ___83
  이승권 | 품위·1 외 4편 ___91
  이은희 | 흔들림, 너에 대한 외 4편 ___103
  임서윤 | 분홍 잠자리 외 3편 ___113
  전기웅 | 야생화 따라 하기 외 4편 ___119
  정양자 | 무화과 서리하기 외 3편 ___131
  정연희 | 정비 중 외 3편 ___139

조가경 | 옥상 남자 외 4편 ___ 147
채자경 | 빈 섬의 하루 외 3편 ___ 157
최지원 | 목련블라우스 외 4편 ___ 165

■ 테마시 - **선과 악**

최지원 | 설원의 나무 ___ 178
채자경 | 새해의 기도 ___ 180
조가경 | 낭인 ___ 181
정연희 | 도시락 가방 ___ 182
정양자 | 풍문을 엿듣다 ___ 184
임서윤 | 폭식을 조문하다 ___ 185
이은희 | 넝쿨장미, 그럼에도 불구하고 ___ 186
전기웅 | 이분법 *선과 악* ___ 188
이승권 | 흔적, 자라나는 ___ 190
오상연 | 유산, 불합리한 ___ 192
김주명 | 평행선 ___ 193
심수자 | 사과나무 독백 ___ 194
박영선 | 꿈의 마중 ___ 196
박만성 | 불안한 밀회 ___ 198
권영숙 | 도시의 그림자 ___ 199
김정아 | 봄, 해후 ___ 200
김상순 | 가슴성형 ___ 202

■ 좋은 시를 찾아서

푸른 밤, 푸른 강 | 채자경 ___ 206
맷돌궁합 | 정양자 ___ 208
봄의 부력 | 심수자 ___ 210
후투티 전갈 | 오상연 ___ 212

그 얼굴이 내 얼굴 | 이승권 ___ 214
옷장, 어느 2월의 | 조가경 ___ 216
화두 | 임서윤 ___ 218
구워지는 오후 | 김정아 ___ 220
애니콜 | 권영숙 ___ 222
보조개 사과 | 김주명 ___ 224
모성 본능 | 정연희 ___ 226
그리운 소통 | 전기웅 ___ 228
기억, 잃어버린 | 이은희 ___ 230
상수리나무 | 박만성 ___ 232
쓸쓸비 | 박영선 ___ 234

## 고문 초대시
박윤배 | 이태수 | 우영규 | 김준규

## 자문위원 초대시
문성해 | 서영처 | 류인서 | 정하해

## 물밥

박 윤 배

하루를 사는 일에 바빠서 자정 넘겨, 물에 후루룩 밥을 만다

검고 둥근 하늘 속의 별을 밥인 듯 먹으며 살고 싶다고
예전에 내가 쓴 시 〈별밥〉 앞에서
설익은 살점이라도 배불리 먹고 싶은
헛되고 주린, 욕망을 본다

남지장사南地藏寺에서 살얼음 깨고 떠온 물에
어지러운 세속에서 탁해진 눈을
미련도 설렘도 없이 꾹꾹 만다

그냥 두면, 밥풀끼리 눌어붙으니, 물 붓고 휘휘 저어 본다

그걸 살짝 끓이니, 죽도 밥도 아닌 죽밥

살아있다는 이유가 겨우 이게 다인
잘 익은 김장김치 속 속박이

〉
한 토막 짭짤한 무無 앞에서도 쓸쓸함은 이제 배가 부르다

□ 박윤배

rudnfvksghk@hanmail.net

1989년 《매일신문》 신춘문예에 시「겨울판화」당선되어 등단/ 여섯 번째 시집『오목눈이집증후군』(2018) 외 다수/ 대구시인협회상, 금복문화상 수상/ 한국시인협회, 대구시인협회 회원/ 현재 대구경북예술가곡회 사무국장, 경주문예대 출강, 대구디카시인협회 회장, 시창작원〈형상시학〉대표

## 달항아리

이 태 수

잠이 달아난 늦가을 밤입니다
어두운 마음에 순백 달항아리 하나
데려와 앉혔으면 좋겠습니다
언젠가 영상으로 본 적이 있는
둥글고 커다란 그 항아리를
마음의 한가운데 앉혀놓고 싶습니다

마침 창 너머 보름달 둥그렇게 뜨고
귀뚜라미 합창이 한창이며
별들은 내려올 듯이 반짝입니다
그런데 왜 가슴엔 낙엽 지고
마음은 정처 잃은 채 어두워질까요
요즘 세상 탓이기만 할는지요

언제부턴가 순백 달항아리를
마음속에 끌어당기면서 동경했습니다
세상은 발을 허공에 뜨게 하지만
허공에 떠서 환하게 어둠 밝히는

둥글고 커다란 보름달 같은 항아리의

우아한 기품을 꿈꿔왔습니다

□ 이태수

tspoet@naver.com
1974년 《현대문학》으로 등단/ 시집 『마음의 길』, 『은파』, 『먼 여로』, 『유리벽 안팎』, 『나를 찾아가다』, 『담박하게 정갈하게』, 『꿈꾸는 나라로』, 『유리창 이쪽』, 『내가 나에게』, 『거울이 나를 본다』 등 23권, 시선집 『잠깐 꾸는 꿈같이』, 『먼 불빛』, 육필시집 『유등연지』, 시론집 『예지와 관용』, 『현실과 초월』, 『응시와 관조』, 『성찰과 동경』, 『여성시의 표정』, 『대구 현대시의 지형도』 등/ 한국시인협회상, 한국가톨릭문학상, 상화시인상, 천상병시문학상, 동서문학상, 대구시문화상 등 수상/ 매일신문 논설주간, 대구한의대 겸임교수, 대구시인협회 회장 역임 등

## 하루를 차려놓고

우 영 규

흐린 하오의 방 안이 물크러진다
물컹한 방과 나 사이 물밥 한 그릇 놔두고 기다린다
오늘과 닮은 그날을 떠올리며
노동의 대가가 온몸 구석구석 퍼지기를 기다린다
기다림이 푹 익기를 조금 더 기다린다
숟가락이 물밥 위를 걸어 다니며
저와 나, 각자의 시간에 하루를 나누어준다

뻐꾸기시계에 갇힌 시간은
밤으로 치닫는 하루가 두려워 뻐꾹대지만
그렇다고 제 몸 어디 붙잡아 두지도 못하는,
단 한 번도 뒷걸음질을 허락한 적 없는 망각의 날갯짓
저 소리는 분명 지난 시간을 한없이 읽어대는 울음이거늘

아무리 용써도 손 닿지 않는 하루
만질 수도 볼 수도 없는,
아! 저 지점이 내가 서 있는 곳임을 감지하며
노동을 벌컥벌컥 들이켠 육신의 피멍 든 흔적을 지우기 위해

하루에 할당된 시간에게 나를 기꺼이 맡겨놓고
묵직한 새벽을 또 따라나선다

□ 우영규
1984년 《대한매일일보》 신춘문예 입상, 1989년 《시맥문학》 천료/ 시집 『틈새로 부는 바람』 『인애』 『여왕개미와 도동댁』 『꼰대』, 평론집 『시문학과 언어』, 산문집 『싱커페이션』 등

## 나의 겨울밤

김준규

　얼음 강이 쩌렁쩌렁 우는 소리에 잠을 깨고 일어나 차디찬 달빛 속을 걷는다 강가를 수놓던 봄, 여름, 가을의 찬란한 무늬는 초연히 바람 앞에 지워졌다 푸른빛 눈을 밟으며 메마른 겨울을 만나리라 의욕이 기웃대던 세월의 꼭대기에서 저려오는 계절의 감각은 신열처럼 설레고 짙은 사랑의 욕망은 미로에서 방황한다. 쥐어짜듯 불러보는 시간의 캔버스에 화려한 색상은 공허한 메아리처럼 허공에 잿빛 눈발을 날린다.

　밤을 잊고 창밖에서 포효하는 얼음 강아 너의 겨울을 슬퍼하지 마라! 아무도 찾지 않는 겨울밤을 나와 함께 하리라 휘영청 밝은 달빛이 눈 위에 소복소복 쌓이는 깊은 밤을 걸으리라 살을 떨게 하는 얼음 가루가 둥둥 떠다니는 창공을 향하여 외치리라! 백발을 휘날리며 오늘 밤 내가 왔노라고

　하얀 소복을 하고 엎드려 있는 억새풀의 지붕, 늘어진 고드름 사이로 내비치는 아련한 불빛은 내 어머니의 체온처럼 따스하다 절박한 그리움은 시간의 촛불을 태우며 추억의 그림자가 마을 어귀에서 기웃거릴 때, 멀리서 들려오는 삽살개의 우짖는 소리가 유난히 낭랑하구나!

걸으리라! 눈 아래 뽀득이는 발자국 소리를 들으며, 세레나데의 음률처럼 해맑은 나의 겨울밤을 걸으리라.

□ 김준규
jinn.kim@outlook.com
충남 예산 출생/ 1982년 인도네시아 정착/ PT. Citpta orion metal Executive Commissioner 회장/ 계간 《문장》 시 부문 신인상 수상, 《수필과비평》, 《수필시대》 신인상 수상/ 한국문인협회 해외발전 위원, 재인니문화예술인총연합회 회장, 한국문인협회 인도네시아 지부회장/ 2023년 한국문협 제1회 출판문학상 수상/ 시집 『보딩 패스』 『낙엽의 귀향』, 수필집 『저 바람 속에 운명의 노래가』

## 초록의 사용법

문 성 해

새들에겐
분방한 회전문

연인들에겐
풀물 밴 사랑의 침대

나무에겐
청춘의 부싯돌

무덤에겐
통풍 좋은 이불

나는 이것을
음표로 빚네

동글동글
일 년을 복용할
환으로 만드네

□ 문성해
2003년 《경향신문》 신춘문예 등단/ 시집 『밥이나 한번 먹자고 할 때』『내가 모르는 한 사람』『너를 다시 물고기로 만들고 싶어서』 외

# 한여름 밤의 꿈

서 영 처

　강 건너 맹그로브 숲에는 사나운 어미 호랑이가 어슬렁거리고 있는데 내 바이올린 케이스 안에는 젖을 못 뗀 새끼 호랑이가 쿨쿨 잠들어 있는데 이 녀석이 수컷일까, 암컷일까, 아무튼 오늘은 내 결혼식 날, 한껏 부풀린 드레스로 갈아입고 화관을 쓰고 하객들에게 둘러싸여 식장으로 들어섰다 정장을 한 당나귀 신랑이 벙글거리며 털북숭이 손을 내민다 박수 소리, 폭죽 소리, 남이야 쑥덕거리든 말든 누런 달이 떴는데 이상하다, 떡갈나무 아래 어른거리던 그림자 보이지 않네 떠들썩하던 웃음꽃 시들어가는데 흥겨운 음악도 멈췄는데 자꾸만 근질근질 발굽이 돋아나고 줄 끊어진 바이올린 금 간 틈으로 맹그로브 나무들이 무성하게 자라난다 난 칭얼대는 새끼 호랑이를 안고 우유를 먹인다 그래 그래 착하지, 라디오에선 강을 훌쩍 건너뛴 호랑이가 마을을 습격했다는 소식, 숲을 내달리며 집채만 한 슬픔으로 포효하는 저 얼룩무늬, 아직 선물상자들을 열지도 못했는데 어쩌나 아가야, 울울창창해지는 이 숲의 소리들을

□서영처
2003년《문학/판》등단/ 시집『피아노악어』『말뚝에 묶인 피아노』『악기들이 밀려오는 해변』, 산문집『지금은 클래식을 들을 시간』『노래의 시대』『가만히 듣는다』, 연구서『조명암 시 연구』

## 이야기보다 더 긴

류 인 서

 역 앞 지하계단을 지날 때면
딱히 발굴해야 할 무엇 없어도 내 안의 고고학 몇 장쯤 들추게 돼

여행지의 따뜻한 바다
방향 밖의 섬, 경유지들
사랑이라는 그 허초점의 미래

설국행 기차표를 끊지 않아도
나비 떼 가득한 차창이 생겨
번지는
물결파

기찻길 옆 옥수수밭 지나는 바람은 100년 동안의 바람,
흑백 앨범 속에 산다
아름다운 대합실은 광고탑 위에 산다
남은 기억은 그림과 그림자 사이에서
철거를 무기유예한 무허가 건물처럼
흐리고도 완고하다

〉
신축 역 뒤에 남은 골목시장이
몸에 난 주름처럼 낯익고도 낯설 때
장소의 독, 장소의 감정값… 들을 깨우며
풍경 너머에서 오는
목소리들, 스침과 겹침의 무수한
끝과 첫

□ 류인서
2001년 《시와 시학》 등단/ 시집 『그는 늘 왼쪽에 앉는다』 『여우』 『신호대기』 『놀이터』/ 대구시인협회상, 김춘수시문학상 등 수상

## 칠월, 그리고 군락지

정 하 해

이파리들의 속성을 굳이 밝히지 않아도
애가 타들어 간 모양은 같다
아열대를 이루었던 칠월의 밀림은 한결같아

누구나 밀림을 걸어야 하는 불문율

씨앗은 몸속에 소리를 키우고
우리는 옥수수처럼 여물기 바쁘다

물렁한 살을 단단히 고정하는 일

이즈음 까마귀가 사람을
대신해 칠월을 돌보는, 그래서 먼 새

그것은 전날마다 일어나는 별의 행방

그 행방 찾으려고
칠월을 물고 가는 하늘을 뒤쫓기 좋은 밤이다

물복숭아 위로 어둠은 끼니처럼 둘러앉아

얼굴마다 검정을 묻히고는
삶이라 한다

탈출할 수가 없는 칠월
새들의 목이 더 길게 빠져 나오겠다

□ 정하해
2003년 《시안》 등단/ 시집 『바닷가 오월』 『다른 요일, 지나갔다』 외/ 대구시인협
회상 수상/ 대구문인협회 부회장

# 형상의 시인들

# 권영숙

*조그만 우주를 흔들어 보면서*
*매일 누군가를 그리워한다*

약력 □
경북 안동 출생
계간 《문예세상》 시 부문, 《낙강》 시조 부문 등단
대구문인협회, 형상시학회 회원
시인마을, 문세, 국보문학, 내 마음의 숲 동인
angela5553@hanmail.net

## 냉동 눈물 외 4편

겉은 차갑고 고요하지만
안에는 늘 무언가 품고 있는 존재

음식 넣어둔 냉장고에 눈물을 넣어둔 적 있다

어떤 편지라도 곱씹어 읽으려는
눈을 시원하게 해줄 인공 눈물

꾹꾹 눌러둔 감정들 문을 열면 흘러나오는 건
냉기가 아닌 유통기한 지난 다정함들

너무 오래 보관된 눈물이
하얗게 성에 낀 말 조심스레 지운다

채소 칸에는 아직 울지 못한 생각이
고개 잔뜩 숙이고 있어
미뤄온 사과는 나무에서 떨어진
사과처럼 썩어 가기도 해

정리된 문 뒤에서 울까 말까 쓴웃음 짓는 눈물은
끓지도 얼지도 못한
마음의 차이까지 알고 있다

## 숯꽃

구십의 등뼈는 휘었지만, 손끝 매니큐어는 여전히
사랑을 기다리는 색

무릎 아래로 떨어지는 빨간 치마는
여든아홉 번 숨죽인 웃음

누가 늙은 몸을 꽃이 아니라 했나!
구슬 단추 꼭꼭 잠그고 있다

속절없는 바람 앞에서도
넋 놓고 쉬이 지지 않는 그대
다시 꽃으로 피는 붉은 계절이다

자식 낳던 스물의 여름도
남편 묻던 쉰의 가을도
빨간 치마 자락엔 다 보여
아무도 모르는 혁명이
꺼져가는 화롯불 뒤척여 놓았다

오늘도 살아 있다고
숨 넘어가기까지는
"여자라고"
아무도 끌 수 없는 잉걸불이 타고 있다

## 숨 가쁜 대낮의 문장

뒤척이며 화상 입은 껍질 벗듯
잘려 두 토막 난 몸으로 어딜 가려고
지렁이처럼 길을 나선 것이냐

"여긴 어디고 흙은 왜 없노"
몸 말리다 말고 꾸덕꾸덕 누운 몸뚱이
칼날 같은 햇살 내리꽂히는 대낮
벌건 알몸으로 허공을 후벼파는 춤사위

헐떡이는 숨은, 아스팔트 위 갈라진 틈으로
이마를 박고 치는 곤두박질

몸속 물이 다 말라가면
몸 전체로 울다가 눈부신 길바닥 위
'누가 날 흙 속으로 돌려다오'
애원하는 저 몸짓, 무엇을 의미하는지

한 줄기 그늘 발견하곤
검붉은 맨살이 쉴 곳 찾아
쉼표도 마침표도 없이 비틀거려야 하는

이 더럽고 처참한 현실

몇 년 전 서문시장 골목을
확성기 틀고 기어다니던 불구의 삶이
번개를 둘쳐업은 긴 지렁이로 내려와
늘어진 내 시의 문장을 토막 내고 있다

## 울음을 해독하다



새벽 언저리를 목청껏 긁어대는 까치
가슴에 막힌 못 뽑아달라 한다

울 때마다 한 생의 무게가
울 때마다 조금씩 덜어진다는 건
사라질 날 멀지 않았다는 암시

기어이 신의 대필자가 된 까치는
목소리로 슬픔을 대신 써주는 문맹

둥지는 바라보기 딱 좋은 높이와
바라보기에 딱 좋은 나무에 걸려
조그만 우주를 흔들어 보면서
매일 누군가를 그리워 한다

아무도 보내지 않은 편지들을
날개 아래 끼우고 살면서, 누가 울었고
누가 사랑을 끝냈는지, 아는 까치는
그때그때 울음의 박자를 바꾼다

〉
돌아오지 않는 사람을 위하여
밥상 차리는 나를 내려다볼 때는
헛짚은 허기의 발바닥 비틀대며 운다

## 잡생각 현상소

이건 마음 빚을 많이 졌네요
이건 억울하게 당했군요

그렇게 한 장 한 장 그럴듯한
이미지를 받아들이다 보면
잡생각은 더 이상 무질서하진 않겠죠

뇌리에 맴돌기만 할 뿐
뱉어내지 못한 말, 억울함 아쉬움 찜찜함
이기적인 나의 태도로
그대는 실망하진 않았는지

왔다가 급히 사라지는 생각의 꼬리를 붙잡고
현상소 문을 열면 비에 젖은 축축한
누군가의 한, 누군가의 상처

암실 속에서 와글거린다

# 김상순

*낙엽처럼 떠나지 않고 뿌리처럼 남기도 하더라*

약력 □
아호 아림, 인천 출생
《문예세상》시 부문 등단
대구문인협회, 형상시학회 회원
시인마을, 국보문학, 내 마음의숲 동인
제8회 청암문학 전국시낭송대회 대상 수상
ms5216162@naver.com

## 숫자놀이 외 4편

상순아! 축하한다
뭘 축하해요
우리 기념일이잖아

아 맞네 하하하
근데 우리 몇 주년이지
1997 빼봐라
나 암산 안 돼요

순간, 숲속에서 길을 잃듯
걸어온 흔적 더듬는다

계산기 위 내려앉은 숫자
스물여덟의 숫자에
허물어진 이름 돌담
희로애락이 스며 있다

어제와 다를 것 없는
아침 손바닥 위
물든 감잎 다섯 장에

초록 감잎 3장

수고의 의미로 놓아둔다

오늘


고요를 깨운 건
내 안에 잠시 멎었던
시간의 작은 속삭임

일상은 아무 일 없이
또 흘러가겠지만

퍼즐은 비워진 채로
오늘도 어떤 마음을 만나
봇도랑 물 흘려 넣듯
밭고랑 하나 적실까

하루에도 몇 번이나 스쳐 가는
대답 없는 기척의 아우성
먼지는 쌓일 테지

허물어져 가는 흔적 위에
괜찮다는 말을 덧칠하며
그냥저냥 지나갈 하루

〉
나는
숨을 쉰다는 그것만으로도
에워싼 공기와 새와 이슬에게
손을 흔든다
그저 고마웠다고

## 동의어

발자국 깊이도
걸음걸이의 리듬도 다르다지만
詩 앞에선 모두가 친구가 되었다

붓끝이 종이를 스치고
말끝이 종을 울릴 때
잠시 침묵할 줄 알아야 했다

화덕에서 고기 익는 냄새가
먼 원시의 동굴을 기억하는 뇌는
부드럽게 때론 강렬함으로
몸의 리듬을 쏟아내야 했다

까마득한 그날의 말이
문자를 만나서 달리다가 구부러지다가
벌떡 일어서서 창끝보다 아플 때
시는 곁에 있었다

입보다 눈으로 전해져
부르는 이름보다 먼저 마음이

울컥하는 이곳에서
각자 무어라 소리를 질러도
동의어가 되고 있었다

### 사람 냄새

나에게서 사람 냄새가 난다는
바람처럼 우연히 스며든 그 말
가만히 내 안에 모셔두기로 한다

세상엔 지독한 냄새
숨 막히는 냄새가 많으니
작은 온기 나를 데우기에도 아직은 부족한데
정 담아 스며든 그 말

낙엽처럼 떠나지 않고 뿌리처럼 남기도 하더라

때로는 세상이 더럽고 냉혹하지만
나는 조금은 따뜻한 냄새로
누구에겐가 오래 기억될
'괜찮아, 괜찮아' 자주 쓰는 말

'오늘도 너 참 예쁘다'
마음이 묻어나지 않으면 어색할 수 있는 말

나에게 하다가 남에게도

돌려주는 말

누구도 싫지 않은, 향기로운
그런 말을 하는 사람이고 싶다

### 하루, 감정 노동자의

내 기분 안의 날씨가
고장 난 기압계처럼 흔들릴수록
오늘의 하늘이 태연한 게 신기하다

어깨는 저릿하고 말 못 할 일들이
눅눅한 공기처럼 천천히 스며든다

그 눌림을 말하자면
밤새 삼베 보자기로 짜내는 듯한
환약 같은 통증이 되어 몸은 지치고 정신은
시커먼 얼굴을 하고 있었다

핸들을 잡은 손에 쥐가 나고
참았던 눈물은 하수구처럼
터져 나왔다, 말릴 수 없을 만큼

그래도 누군가
오늘 안녕하신가를 물었다면 나는
익숙한 표정을 걸치고
아무 일 없다는 듯

또 하루를 밀어냈을 것이다

# 김정아

*점치듯 손톱으로 톡톡 두드려보는
안 가본 그 길의 돌다리들*

약력 □
경북 상주 출생
계간《문장》등단
제12회 경북문화체험 전국수필대전 입선. 제11회 청송객주문학대전 시 부문 수상
대구시인협회, 형상시학회, 문장작가회 회원
시집 『채널의 입술』
jakim0919@hanmail.net

## 응시 외 3편

　이번 주말은 5일이네요. 벽에 걸린 달력 속 남은 숫자들은 왜 저리도 창백한가요. 아니야 오늘은 2일이고 달력은 작년에 멈추어있어요. 모르는 사이에 창문이 시베리아 바람을 데리고 왔다고 눅진하게 벽이 말하네요. 날씨가 차가우니 오늘은 대구탕을 끓여야겠어요. 후루룩 마시는 뜨끈한 국물이 시원하다고 당신은 감탄을 쏟아내겠죠

　대가리만 남은 생선이 맞은편에 누워있는 제 몸뚱이를 동그랗게 바라보는 것처럼 둥근 솥 안의 세상은 시원을 넘어 서늘하다고 해야 할까요. 문득, 애연했던 남자의 눈빛이 그랬다고 난 기억해요. 잘려 나간 몸뚱이가 나무 도마 위에서 수없이 뒤집기를 반복하다가 펄떡펄떡 뛰고 있어요. 이거 진짜로 안 죽네. 한 시간이나 지났는데 어떻게 이럴 수가 있냐며 남자가 터트리던 헛웃음을 떠올려요. 아마도 저건 마지막이라고 해야 할까 봐요. 그건 몸의 절규일 테니까요

　또다시 겨울이 지나가고 후후 국물을 불어가며 눈빛 뜨거운 우리는 또 대구탕을 먹어요.

# 흉터

벌떡 일어난 길이 발목을 걸었다

넘어지며 잡은 건 줄장미의 허공
오래 골몰했던 생각들이 모두 허사였음을
작은 돌멩이가 무릎에 파고들면서
손바닥이 고슴도치가 되고서야 알게 되었다

빨간 꽃물 주르르 흐른 자리
딱지 뜯어내고 벗어나려 해도
오래도록 남아있는 모래의 자국
가시의 자국

겉은 멀쩡해도 속은 멀쩡하지 않아
찌릿찌릿 깊어진 흉터에는
천 년을 견딘 돌의 우주가
가끔 비를 몰고 오기도 하지

새로운 몸짓에 취할 때마다
점치듯 손톱으로 톡톡 두드려보는
안 가본 그 길의 돌다리들

## 신호, 사라지는 것들이 보내는

목단 꽃잎 떨어질 무렵, 멈춰버린 시계에게
왠지 미안하다

눈 맞춤조차 없어 지친 봄날
더 이상의 반응을 기대하는 건 욕심일까

힘 빠진 손가락은 이제 허무한 약속이라는 말을 한다

회복할 수 없다는 이야기는 투정이라고 해도
기울어 가는 해는 쓸쓸해 보였다

푸른 넝쿨 몰려와 돌담은 검게 변해가는 것인데도
소나기 탓이라고 우린 애써 변명을 한다

담장 위 웅크린 검은 고양이에게
으스대듯 바람은 꽃잎을 마구 흔들어대는데
얄궂은 것이 어디 바람뿐이겠는가

송홧가루 무게에 눌려 멈춰있던 손목시계가
다시 초침 소리를 들려준다

〉
오래 방치해두지 않았느냐고
무관심은 그만큼 무서운 거라는
시계방 주인의 말이 옳았던 거다

## 차선

단골 미장원에서 커트를 하고
단골 식당에서 밥을 먹는다

단골 카페에서 친구를 만나고
단골 마트에서 쇼핑을 한다

어느 날, 머리를 만지던 미장원이 이사를 갔고
단골 식당은 경영난으로 문을 닫았다

알아서 머리를 만져주고
간을 맞추어 주던 손들이
자취 없이 사라졌다

이제 어디로 가야 하나

오랜 세월 다니던 익숙한 차선에
난데없이 지름길이 생겨날 때
갈팡질팡 나는 길을 잃는다

어떤 차선은 예고도 없이 찾아오기도 해서

오늘도 거르는 일 없이 나는
어떤 차선次善을 선택해야 할지

# 김주명

*그리움은 늘 바닥처럼 쌓이는가?*

약력 □
경북 청도 출생, 대구시창작원 수료
2010년 평사리문학 대상 수상
2011년 인도네시아 롬복으로 이주
형상시문학회, 한국디카시인협회 회원
한국문인협회 인도네시아지부 사무국장
시집 『인도네시아』 『바타비아 禪』
wnaud0129@hanmail.net

## 초록 연골 외 4편


급식실로 달리던
소녀의 연골이 다 닳고 있다

어제를 아끼며 아껴둔 직화구이 돌김 세 봉지
바닥별은 아직 여름배추 속, 잠들어 있지
마카롱을 삼키면 마카롱처럼
겉 다르고 속 다른 생이 살아날까?

사랑도 연해서 마늘쫑 스파게티같이
쭉 늘일 수 있다면

닳아 버린 연골만큼
진해지는 초록만큼

칠레처럼 긴 해변을 소녀가
달리고 있다

## 그리움이 바닥처럼 남는다

자판기 커피 한 잔을 다 마셨는데도
대단한 미련이 남은 듯 바닥까지 훑어내리다
스님의 발우를 씻어내듯
한 모금의 생수로 요리조리 돌려가며
마지막까지 깨끗이 비운다
그래도 남은 게 더 없을까?
그리 깊지도 않은 종이컵의 바닥에 코 박고 살피면
다 씻어내지 못한 설탕이며 커피 프림 거품 자국들이
그리움의 얼룩처럼 남아있다
그리움은 늘 바닥처럼 쌓이는가?
한 생을 다한 종이컵
소지하듯 세로로 길게 쌓는다
누가 그랬는지
종이컵 위에 또 종이컵이 쌓인다

바다 너머 산이 있었네



산은 바다를 사랑했고
산은 바다를 따라 섬이 되었다네

섬에는 또 섬을 짓는 사내가 있었고

바다는 섬을
섬은 바다를
유품처럼 서로를 끌어안고 있다네

나는 오늘도 섬을 만나러
산으로 간다네

## 모닝글로리

이른 새벽 툭!

이방인의 인기척에 놀라
떨어지는 연보라 물방울 하나

더 잡고 있을 수도
더는 붙잡아 둘 수도 없는

사랑의 힘

## 찹쌀새알수제비

그때는 몰랐지
입안 가득

천장까지 달라붙은 너를
꾹꾹 삼키면서도

술찌깨미 같은
기억의 맛인 줄
미안하다

그냥 삼키다 몇 번 울컥하기도
그래도 너는 모른 척
꾹꾹 씹고만 있었지

나를

# 박만성

*사람의 그리움을 닮고 싶어서
초록에서 붉음으로 건너온 단풍*

약력 □
대구교육대학교 졸업
형상시학회 회원
pms-07@daum.net

## 다섯 숟가락 외 3편

구름이 지나고 사진기를 들고
나무 한 그루를 찾아 돌아다닐 때야
새별오름에는 풍광을 품은 나무가 없음을 알았다
억새에 흩어진 밥알을 담아 새별오름의 샛별을
풀어둔다

## 가을 적상산

가을 무주에 가서 만난 적상산은
등산하는 사람의 얼굴에 미소를 번지게 한다
깊어지는 건 가을만은 아닌 듯
붉어진 여자의 치마를 옮겨 놓은 것 같은 적상산
나뭇가지에 살랑대는 잎도
수직의 파동과 함께
세속의 걱정을 덮으며 떨어진다
군데군데 언덕을 구른 돌은
가벼운 한쪽 마음을 눌러주는 듯
발에 스치는 낙엽 소리에서
여인의 치아 벗는 소리로 들린다
사람의 그리움을 닮고 싶어서
초록에서 붉음으로 건너온 단풍
두 다리처럼 펼쳐진 산 계곡은
핏덩이 아이라도 낳으려는지 비명이 깊다
하여 나 적성산 이곳에서
어머니를 보았다고 말하는 것은
적자가 되려는 마음이 있기 때문
적성산 산길에서 만난 모든 사람들의 얼굴은
산의 단풍보다 미소가 더 붉다

## 월요병, 해와 달의 비화

나는 일곱 개 레인의 속도가
바다를 대변하지 않는다고 생각한다
해류를 따라 떠오르는 달을
여러 개의 방으로 차례대로 줄 세우고
출렁이는 달력의 시간에 다이빙한다
해와 달을 번갈아 바다에 끼우자
교차 되는 낮과 밤의 허리 파도처럼 일렁인다
가끔 일곱 번째 레인이 중얼거린다
'언제나 상쾌해' 뽀글뽀글 거품이
내 몸을 촉촉이 적셔주지
팔 휘젓고 다리 차고 어제를 잡아 당겨봐
그럼, 너는 오늘을 기분 좋게 출발할 수 있어
일요일 아침 내뱉는 거품 속으로
나는 그 속을 유영한다
순식간에 바다 표면이 첨벙, 한 무리의 갈매기가
균형을 잃어버린 물의 평면에서 풍덩
좌우 리드미컬한 움직임 바람의 물살은
앞뒤로 날짜의 경계를 가르고
저녁이 되자 몸 밖으로 빠져나가는 공기
저항 없이 흘러온 긴장감은

달[月]이 되기 위한 가쁜 호흡이다
페이스 잃은 하얀 깃털 그리고 달빛
힘줄 같은 빛줄기는 해[日]의 밑동을 누르는데
바닥 면은 버티지 못하고 그만 촤르르
가로획의 비명이 더해지고
잡고 있던 그림자를 땅에 흘러
어둠이 심해의 표면에 쏟아진다
일곱 개 레인의 일부이던 일요일은
그때부터 천근만근 몸이 무거운
달이 된다

## 달빛 24:00

하드커버의 책을 비추는 달빛은
2층 커트 머리 그녀가 책을 넘길 때마다
그림자는 비스듬히 기울어진다
아메리카노 한잔으로 밤을 보낼 듯
몇 시간째 그 자리에서 넘겨지는 책장
심해에 닻을 내린 배와 같다
무표정한 바닷바람 선장이 되어
그녀가 탄 배를 힘껏 밀어 보지만
모래사장 발자국에는 닿지 않는다
언제까지 그녀는 하루만큼 시간을
안개 자욱한 육지 속으로
밀어 넣었다 끌었다 하며 머무를지 모르겠다
어쩌면 그녀는 밤 12시를 경계로
신데렐라처럼 다급한 그리움 하나 모래사장에
찍어 둘 수도 있겠다
해변가 2층 하드커버 속
수많은 별이 인쇄된 밤의 한 페이지에
밤하늘을 정박시키면 문득 당신의 집이
어디냐고 묻고 싶어졌다

# 박영선

*고요는 고요를 빚어*

약력 □
경북 영천 출생
영남대학교 대학원 국어교육학 박사과정 수료
2014년 《문학예술》 등단
대구경북문학예술협회, 대구문인협회 회원

## 유등지 연가 蓮歌 외 3편

연지 가득 번지는 푸른 바람
둥근 연잎들 흔들리는 잔물결 사이
붉은 연꽃 피어난다

고요는 고요를 빚어
한여름 햇살 아래 둔 심장
검은 연밥 씨알마다
묵은 이야기들이 들어앉는다

한 상 넓적한 잎 위
밤새 맺힌 이슬방울 햇살을 받아
투명한 웃음을 깨친다

서로 다른 시간을 사는 것들
찰나의 빛 속에서 뭉쳐
꺾인 연꽃 대공을 타고
본래의 자리로 스며든다

느리게, 물결 속으로

## 4월의 기원
### - 아들에게


연둣빛 순간의 알을 깨고 나온
생명의 초록 바람이, 잎이 되어 남실거린다

해와 달, 별들의 노래가 떼 지어
귀엣말을 건네는 머리맡에는
씨앗을 두고 잔다는 사월이다

체로키족은 제 빛깔의 들꽃과
순록과 말과 독수리가 누이가 형제라 우기는데

나의 꿈 아가위 붉은 열매는
노래를 수없이 적셔도 시들지 않는다

나의 혼婚, 염소의 뿔 너머는
갑자기 환해진다

때를 아는 목어 소리 지축을 울리면
부처의 츤치齔齒가
메타세쿼이어 나무처럼 다시 솟는다

## 죽음, 반유半有

파와 미 사이
검은 건반 없는 밤
지구는 웅얼거린다

반쯤 열린 문
별의 숨결 스치고
소리와 침묵이 마주선다

결핍의 틈
케플러의 혜성 하나
느리게 사라진다

죽음은 없음이 아니라
반쯤 남은 것

남은 자는 기억 속
흔적을 살피며
세대의 책장을 접는다

반은 있고

반은 없는 채
온전함을 믿는다
우리는

## 비토섬, 기다림의 바다

긴 기다림일지라도
끝내 머무는 곳, 비토섬

전설 속 토끼가 아내의 마음으로 스민 땅
바다와 토끼섬, 거북섬은
오랜 친구처럼 서로를 바라본다

전설과 현재가 함께 흐르는
섬 섬 섬 섬들

그 위에 다시 피어나는
고동, 따개비, 굴 같은
끝없이 이어지는 서성거림들

새 생명을 품기도 하고
떠나보내기도 해서

언제나 느긋한 거북 너와
귀 쫑긋 세운 토끼인 나,
수천만 년 마주 보는 섬

# 심수자

*내 붉은 살점이라도
포식할 양식으로 나눠주고 싶다*

약력 □
2014년 《불교신문》 신춘문예 시 당선
대구시인협회, 형상시학회, 모던포엠작가회 회원
대구수성문인협회, 대구예술가곡회 회원
2023년 문화예술진흥원 창작지원금 수혜
시집 『술뽈』 『구름의 서체』 『가시나무 뗏목』 『종이학 날다』
『각궁』 『오후의 점술사』
sooja5752@daum.net

## 무성한 풀숲 외 4편

오른쪽을 돌아보면 돌개바람
왼쪽을 돌아보면 골바람이 분다

가파른 길에 선
사철나무 시린 눈빛들이
바람을 견딜 때마다 올려다보는 허공

끝을 알 수 없어, 가 닿을 수 없는 하늘과
깊이를 알 수 없어, 닿지 못하는 바다 사이에서
웃음과 울음은 습관처럼 뒤엉킨다

점멸하는 가로등을 붙잡고
바닥에 주저앉아 울어 본 적 있으니
어둠 내려앉는 벌판에 모여드는 맹금의 눈빛에
내 붉은 살점이라도
포식할 양식으로 나눠주고 싶다

할 말 잃어버린 풀꽃들은
서로의 어깨에 기댄 밤을 견디면서
새벽이슬 내릴 때까지 휘파람을 불고 있다

〉
쉼표로 찍던 수묵의 암호는
언젠가 서서히 드러날 것이므로

## 환풍기, 고도에서 날다

古都에 카페 스타벅스가 걸터앉았다

화장실 흰 변기 위에 앉은 나
누군가 웃으며 하는 말이 들려온다
정. 신. 에. 똥. 칠. 할. 때. 까. 지. 는. 살. 지. 말. 자.

파편처럼 튀어 오르는 말이 오물로 감지되었나?
우주 밖으로 내던져지듯 쉬지 않고
윙윙 돌아가는 환풍기

좀비는 그냥 좀비일 뿐
월성의 빈 석빙고를 바라보다가
휑한 눈만 남은 첨성대를 한 바퀴 돌아
천년 땅의 지기 받겠다고 맨발로 걷고 뛰는 사람들

비타민, 칼슘, 오메가, 단백질을 구분해 먹는다며
아직도 고도가 무너지지 않는 이유를 스타벅스에 와서
향 깊은 커피 맛으로 이야기하는
옆 테이블의 사람들

〉
익숙한 가부좌를 버린 이 시대의 신인류는
의자에 앉기 위해 끊임없이 허공 헤매다가
어느 낯선 별에 첫발을 디디게 될까

궁금함 가득한 고도의 밤하늘
반짝이는 별들 바라보는 첨성대는
어제도 오늘도 여왕 선덕의 묵묵한 눈빛이다

## 시계 나무, 고장 난

내 눈물 오래도록 받아먹더니
쇠창살 허술한 틈타 날아가 버린 너

뻐꾸기는 앵무새가 될 수 없고
앵무새는 뻐꾸기가 될 수 없음에도
너는 앵무새처럼 뻐꾸기 노래만 불렀으나
시계 나무 아래의 나는 앵무새가 되다가
다시 뻐꾸기가 되기도 했지

단단한 세상 벽은 넘을 수 없다며 아우성치다가
첩첩 산이라는 감옥에 갇힌 나
낯선 풍경 너를 따라 넘고 싶었어

밤과 낮 사이 지워져 버린
네 목소리 찾겠다는 서투른 핑계로
쿵쾅거리는 심장 부여잡고 두 발끝을 들기도 했지

남아 있는 너의 온기로
홀로 살아가는 방법 터득했다 해도
헐거워진 가슴속의 문 자꾸만 덜커덩거리는 것은

젊은 바네사 메이의 바이올린이 콘트라단자Contradanza를
쉬지 않고 미친 듯이, 연주하기 때문이지

겨울 지난 먼 산이 거울 속으로 들어오면
뻐꾸기인지 앵무새인지 들릴까, 네 울음소리

산란하는 초록빛이 숲을 물들일 때
세상 어미의 눈빛은 건조해질수록
귓가는 솔깃해졌지

## 말로 받고 되로 갚다


서리 내리기 전
말[言]로 빚잔치를 해야지

따뜻한 위로의 말들이 벌에게 쏘인 듯
따가운 말로 스며든 가슴속에서
밑거름되었으니

사막 한가운데서도
가시나무 틈새에서도
오롯이 견디는 자양분이 된 것이다

말빚을 진 것이다

가을꽃 지기 전
위로하고 싶은 당신에게
말末로 받은 따뜻한 말들
되로 갚아도 될까

치열하지 않으면 살아낼 수 없다며
불빛 아래로 모여드는 불나방처럼

뜨겁게 살아본 적 있었던가

남은 내 시간의 분량도 모른 채
길의 끝을 향해 걸어가지만
보이지 않는, 아니 보여주지 않는
길의 끝은 어디쯤인지

먼저 사라진 눈빛들이
가끔은 빛으로 되돌아와
사금파리로 반짝이고 있으니

서둘러 말빛 잔치를 해야지

## 쓸쓸함, 그 뒤에는

칼날 박힌 스케이트 부츠를 신고
쓸쓸히 빙판 위를 가르고 있다

바로 서려 할수록
더 미끄러운 결빙의 구간
눈길 닿지 않는 궤도 밖에서 홀로 하는 비행

사그락사그락 갈리는 칼날에도
내 서투른 생의 연기는 다시 살아나지 않을 걸 알아
겨울 강에서 쩡쩡 우는 얼음의
슬픈 노랫소리를 듣는다

돌고 돌아도 제자리 맴도는 빙판 위
뼈마디 없는 문체로 촘촘하게 채워야 할 내 기록은
어디에다 어떻게 남길 수 있을까

길 위에서 대면하는 눈빛은
되돌아올 수도, 되돌아갈 수도 없는
내 안의 나를 지켜보는 또 다른 하나의 눈빛

궤도 이탈한 비행체처럼
찰나에 사라지는 빛으로
나 우주의 블랙홀 그 너머에 닿고싶다

# 오상연

*오래는 머물지는 않을
게르 한 채 짓는다*

약력 □
《서정문학》등단
형상시학회 사무국장
시집 『그리워할 수 있었음에』 『정오의 붓꽃』
osy5015@naver.com

## 유리병 속의 호수 외 3편

겨울 동안 쳐둔 커튼을 걷어내다가
일렁이는 호수의 물살을 만난다

몇 번인가, 거쳐 간 안개는
허공에서 내려와 비늘 반짝이는 물고기처럼
빈 병 속 쪼그려 앉은
올챙이 적 한 시절을 주물러댄다

도수를 높여 가던 소주는 개구리 눈에 비워지고
병의 바닥에 흘린 모래는
또 누구의 딱딱한 무덤이 되려는지

벽이 깨어지기 전에 출구를 찾아야 하는 나는
몸집이 더 커지기 전에
태양의 혀가 다녀간 먹잇감들을
유리 벽 밖으로 내보려 한다

스스로 헛배를 불리는 일로 흐릿해진 안개 커튼을
오늘 기어이 발가락으로 집어 당긴다

〉
흐릿해진 안경알을 문질러 닦으면
유리 벽 너머 하늘에서 꽃향기는 몰려올까

## 봉숭아 풍장


햇살에 달구어진 몽돌 같은 이야기가
이별로 돌아선 뒤
봉숭아 대궁은 통증에 쓰린 아랫배를
바람 산파를 불러 쓸고 있다

막무가내로 밀고 들어오는 물살에
부딪히다가, 이별로 돌아선 자리

내년에도 또 무슨 색깔 꽃이 필까

서랍 안쪽에서 굴러다니던 물파스 향기가
멍든 나를 툭 치고 갈 때
멀리서 나를 지켜보던 모과는
엄마의 품 냄새로 천천히 익어갈 테지

이쯤에서 떠난 사랑은 잘 있는지
궁금하지 않아서 궁금한 안부를 듣겠다고
늦가을 참새 떼들
모과나무 귓속말에 우르르 모여든다

〉
봉숭아 꽃잎처럼 붉어질 대로 붉어진 혀가
제 몫만큼 쪼아 먹은 곳에서
상처 난 탯줄을 까맣게 아물리고 있다

## 핑크 산

어젯밤 꿈을 사각형 대리석 위에 올려놓고
불 지펴 구우면
신생대 중생대 고생대 층계마다
주르륵 땀이 흐른다

사막을 걷던 낙타가
비틀비틀 오르는 비탈에서
바다는 딱딱한 돌멩이 속에 갇혀
아직도 엉엉 울고 있다

하루하루 반복되는 시간 속에서
풀릴 대로 풀려버린 허벅지의 근육

이를 악물고 어쩌다 오르는 산
땅을 치고서야 올라온다는 매출을 기다리다가
몇몇 가게는 셔터를 내린다

눈물 맛을 아는 큰 눈망울 낙타는
짜다 짜다 노래를 부르면서
산꼭대기 올라 흩뿌리는 눈물

〉
굳고 굳어서 히말라야 거기서
아직도 소금으로 머물고 있는가

대리석 식탁 위에서
좀 더 식기를 기다리는
북어와 헤엄치고 간 한 대접 국물

사막의 살점은 내 혀끝 짭짤한
핑크 꽃을 피우고 있다

## 회전율

겨우내 땅을 딛고 일어난 아이는
시소보다 회전목마에 미련을 버리지 못한다

어지럽게 도는 하늘을 맛본 후
튕겨 나가지 않을 만큼 중심 잡기에 익숙해졌다

어지러움에서 이탈되지 않기 위해서
유목의 말 등에 올랐던 유전자의 반응
이제야 눈을 뜬 것은 아닐까

오르면 내려가야 하고 내려가면 기어이 올라가야 하는
롤러코스터 같은 게임에서
지루한 출렁거림이 그리웠던 것

끝도 없이 수평으로 펼쳐진 초원을
달리고 달려 마침내 닿은 우주의 중심

오래는 머물지는 않을
게르 한 채 짓는다

# 이승권

*경계를 모르는 그 빛에
온통 발갛게 달아오른 나*

약력 □
대구 출생
2021년 계간 《문장》 등단
대구문인협회, 대구시인협회, 형상시학회 회원
시집 『귀띔』
shawn3765@naver.com

## 품위·1 외 4편

백로가 물가에 서서 때를 기다리는데
물속에서 불쑥 솟은 검은 물체가 먹잇감을 채간다

낯익은 가마우지였다

앞만 보고 길을 걷는데 어깨를 툭 치고
한마디 말없이 지나는 사람같이
예기치 못한 일들이 일어나는 세상을
전지전능 착각에 빠진 가마우지가
일깨워 주는 것이다

깜짝 놀라 눈을 껌벅이는 백로는
또 다른 사냥법을 가진 가마우지를
어떤 분노나 성냄도 없이
그저 묵묵히 바라만 본다

가끔은 손해를 보는 게 더 귀할 때도 있다는 것인가
하늘 향한 백로의 긴 목덜미는
기어이 아무 말도 하지 않는다

〉
자신의 흰 그림자가
검은 그림자에 일그러지는 게
잠시 서러울 뿐

# 품위·2

신천의 물이 급하게 빠져나간 뒤
물웅덩이에 작은 물고기들이
갇혀 바글거린다

이때를 기다렸던 왜가리는
선 자리에서 포식을 즐기고있다

부리 작고 키 작은 쇠백로는
겨우 한 마리 건져 밖으로 나와
힘겹게 꼴깍꼴깍 삼킨다

이만하면 배부르다고 만족하는 작은 새
많이 먹어 건강 잃으면 저만 손해인 걸
안다는 것인지

절제를 아는 새는
과욕에 무턱대고 발 담그는 건
큰 화를 부른다고 날개를 들어 올린다

눈앞에 노다지를 두고도

포르릉 날아오를 수 있는 저 가벼움 앞에서
무겁기만 하던 내 욕망은
티끌에 지나지 않았다

## 아득한 유배

35년 전 보이저 1호가
우주에서 찍은 사진에서
지구는 창백한 푸른 티끌처럼 보였다

흰 구름 틈새로 보이는 땅
나 그때 노천탕에서 몸 담그고 있었는데
오늘도 몸 담그고 있다

보이저1호는 지금쯤 어느 성간을 지나고 있을까

우주 속의 작은 티끌의 티끌이어도
내가 없으면 우주도 없는 법

온천탕 알몸인 사람들 틈에서
눈 감고 그리워하는 에덴
바깥세상은 시끄러워도
우린 어디선가 또 만나겠지

물 수증기가 피어오르는 평등의 시간

비스듬히 내려보는

겨울 나목의 그림자를
보이저 1호는 텀벙텀벙 흩어 놓고
또 내게서 멀어져 갔다

돌아올 기약 없이 떠나보낸
티끌의 운명들을 하나둘 떠올리며
나 지금 여기 잘 있다고
먼 우주를 향해 손 흔들어 준다

## 수렵도 속으로

눈 안의 눈까지 젖은 색색 단풍은
창문에 비친 호모 사피엔스
내 눈을 바라본다

경계를 모르는 그 빛에
온통 발갛게 달아오른 나
원시인처럼 방 안을 성큼성큼 걷고 있다

무디어질 대로 무디어진 돌창을 들고
이대로는 겨울을 맞을 수 없다는 것을 알기에
오늘의 게으름을 숫돌에 갈아야 한다

더위든 추위든 그건 그대로 견뎌야 할
또 하나의 운명 같은 것이니
갈대꽃 하나 머리 위에 꽂은 족장처럼
온몸으로 겨울을 맞아야 한다

어제보다 오늘은 좀 더
먼 산자락까지 달려 나가야겠지

〉
행여나 숲속에서 심장 뛰게 하는
기지개 켜는 맹수의 콧김소리 들리거든
움켜쥔 손안의 창
힘껏 날려도 보는 것이지

## 회색 지대

목련 나뭇가지에서 피었던 수줍음이
어젯밤 빗소리에 놀라
우수수 떨어집니다

꽃을 던지고 돌아선 나무들은
미련 많은 오늘이 아쉬운 듯
푸른 하늘을 올려다봅니다

죽었어도 죽지 않았다고 외치는 바람의 손길을
나 언제까지 그리워하려나

오늘의 즐거움에 취해
사는 일과 죽는 일이 관심 밖인 사람들
뼈만 남은 나무를 배경으로
초록빛 사진을 찍기에 바쁩니다

꽃을 피우고 지우는 일로 온몸의 힘을 탕진한 나무는
미처 이파리를 준비하지 못해 잔뜩 웅크린
나이테의 표정입니다

〉
화마에 그을린 나무의 젖니 같은
새순을 빨리 만나보고 싶습니다

# 이은희

*문밖 햇살이 윙크한다*

약력 □
2025년 《대구문학》 등단
대구문인협회, 형상시학회 회원
대구디카시인협회 재무국장, 열린시낭송협회 사무국장
방송대 문예공모전 가작 당선

## 흔들림, 너에 대한 외 4편

손사래 치던 바람을 창 안에 가두고 돌아서니
앗— 징그러울 만큼 환한 봄이다

날것도 좋지만 익히면 더 좋다고
우걱우걱 지난가을 묻어두었던 무를 씹는다
뻣뻣하고 달다
묵은 감정도 이렇게 씹히면 좋을 텐데

우르르 몰려든 네 명의 여자들
밥이 좋아? 면이 좋아? 질문은 부드럽지만
결국 돈이냐, 사랑이냐
익숙한 고르기의 다른 표현일 뿐

매일 먹는 음식이 가끔은 입에 물리고
매일 보는 사람이 어느 날은 아프게 겹칠 때

고집과 아집이 서로의 모서리를 살짝 맞추면
봄은 기어이 꽃을 피우는 것인지도 모른다

반복되는 잔소리 끝 문득 창문을 여니

햇볕에 숨었던 바람이 들어와
밥도 면도 아닌 술 한잔하자 한다

먼 가지에 핀 새순 하나 안주로 내민다

# 어슬렁어슬렁

막창, 삼겹살, 통닭 냄새 사이로
봉리단길은 오늘도 잘 익어간다

어제는 저 집, 오늘은 이 집
다음엔 어디로 갈까, 작은 점을 찍듯 지나친다

낯선 간판에 말을 걸고 싶고 새 주인의 표정을 눈치로 본다
친해지고 싶어서, 그러다 말고
아는 만큼 책임져야 할 것 같아
모른 척 고개를 돌리는데
먼저 인사를 받으면 괜히 어깨가 으쓱해진다

호기심은 날 키우는 걸까, 처음 본 맛에도 쉽게 길들여지고
더 알고 싶다는 욕망은
언제나 세상의 앞자락을 잡고 있다

봉리단길, 누군가의 욕망이 걷는 속도로 완성되는 거리

사랑은 언제나 개인적인 일이지만
살아가는 건, 같이 걷는 일인지도

이 밤, 조용한 골목에도 법칙이 있다면

나는 또 내일은 더 빨리 오기를 기다린다

## 무관심

문밖 햇살이 윙크한다
저 혼자 떨어뜨린 꽃가루가
분홍빛 눈부셔, 눌러쓴 모자에게 닿는다

외로워서일까,
외로워지려* 쓰는 걸까
물음 끝에 나는, 숨겨진 흉터 들킬까 봐
쏟아지는 빛 향해 기침을 삼킨다

도망친 사랑, 다시 필 길 없기에
조바심은 잿더미로 쌓여가고
몸엔 공포만 스며든다

잉태의 순간은 아득한 이야기
설렘은 중독처럼, 젖은 아스팔트 위
자존심 하나로 질척인다

누구도 모자 속 나를 올려다보진 않겠지
젖은 눈동자, 푸석한 머리칼
모자의 그림자에 가둔다

〉
남몰래 나에게 속삭일 리 없으니
모자가게 모자들
이제 나를 맴돈다


\* 이원화의 '깊은 맛이라는 개념은 얕은 물에만 있는 것 같아요'에 '외로워서, 외로워지려고' 인용

### 한여름 밤의 스콜

네 뜨거운 시선, 박하처럼 훅 쏟아져 내린다

갈매기 날갯짓에
별똥별도 코앞까지, 아찔하게

열정의 바다 터뜨리듯 폭죽 같은 더위가 밤을 삼키고
너와 나의 어설픈 밀당,
처음부터 껴안고 싶었잖아

후드득후드득 빗소리, 창문 두드려 건너와
능소화 잎새 흔들다, 어느새 잦아들기까지

슬픔 씻어낸 격정의 순간
환희의 여운으로 스며들고
밤새 흘러내린 안녕은 씨앗을 여물게 하지만

사라지지 않는 외로움은
아무도 모를 변덕처럼 남았다

## 리멤버

주꾸미를 삼키다가 난데없이 혀끝이 간지러워진 나는
얼큰한 동태 탕이 먹고 싶다

한 잔 소주를 들이키다가, 첫날밤 온몸에 불 댕기던
뜨거운 손길이 느껴졌다

뇌 속에 펼쳐진 황무지에 노랗게 핀 빈혈의 꽃밭에서
떼 지어 날아오르는 까마귀가 보인다

철 지난 옛날 영화를 보다가 친구의 얼굴에 걸린 주름살에서
일렁이는 강물에 빠진 저녁 해를 나는 본 것이다

아직도 지루한 반성의 문을 열지 못해
칠판 앞에 손들고 꿇어앉은 열네 살 소녀 아이는

안개 내리는 부둣가에서 우산도 없이
기억나지 않는 기억 속에 아직도 산다

천장 둥근 자궁에서 마중 나오지 않는 엄마를
눈물 훔치며 기다리고 있다

# 임서윤

*당신 쪽으로 만개할
여전히 파랑 꽃인걸요*

약력 □
경북 상주 출생
2016년 계간 《문장》 등단
제6회 이윤수문학상 수상
대구문인협회, 대구시인협회, 죽순문학회 회원
《문장작가》·《죽순》 편집위원, 형상시학회 회장
시집 『사과의 온도』『달아나는 과녁』
iks135@hanmail.net

## 분홍 잠자리 외 3편

팔에 링거바늘 꽂은 채 창가로 간다. 감각을 잃었던 육신이 고분고분 따라온다. 나를, 쓰러지게 했던 줄이 나를 일으켜 세우는 게 얼마 만인가. 창밖을 바라보니 자귀나무는 쥘부채 활짝 펼쳤다. 그 아래 노부부 나란히 걷고 있다

눈 부릅뜬 자동차들이 줄지어 어디론가 흘러 세상은 물오른 가지처럼 싱싱하다. 정지된 화폭에 든 나는 도려낸 가슴에 옹이를 들어앉히는 중이다

꼬리에 긴 실 묶어 날리면 한 이틀 내 근처 맴돌던 당신은 잠자리, 묶인 실 길이만큼은 가뿐하던 날갯짓이 링거대에 걸려 병실 바닥으로 추락한다. 실크 스카프 보드라운 비명에 오후로 건너 온 재즈가 미끄러진다

하늘이 무지개를 내건다 해도 나는 추락하는 모든 것들을 이젠 위로하지 않겠다. 넘어가는 해는 내일로 가는 밤을 데리고 오려는 것. 묶었던 실 풀어 주어도 잠자리는 항적의 흔적 찾을 수 있을까

창에 비친 기억을 느릿느릿 밀치던 노을은 이제 되었다 싶은 순간 급히 달아나고 있다

## 파랑꽃 만개


온몸으로 겨울비를 받아준 파랑 우산
쨍한 날만큼 잊고 살았어요

같은 보폭으로 함께 걸었다는 것만으로
재회 단념하기로 한다

젖는 동안 황홀했고
황홀한 동안 젖어 있었으니
양팔 크게 벌려 당신을 안아주다
꽃비에 무심히 접혀버렸지요

쉽게 던져져 차갑게 녹슨 삶에게도
돌아오지 않을 뒤통수는
용도를 다한 듯, 두지 않는 미련
남겨진 나는 하염없이 바라보았어요

앙상한 꽃대 포물선으로 남았어도
사라질 때까지 아니, 살아질 때까지
당신 쪽으로 만개할
여전히 파랑 꽃인걸요

## 멋의 멋

멋!
글자 모양새부터 예사롭지 않다
양다리를 적당히 벌리고 섰다
헝클어진 머리카락 격조 있게 날린다

멋!
입안에서 가만히 굴려보면
혓바닥이 금새 달아버리는 꼿꼿한 한 음절

물러설 수도 나아갈 수도 없는 자세다

범물동 산자락에 유기견 보호소를 만들고
퇴근 후 강아지를 돌보는 아가씨
낡은 모자도 알고 보면 멋이다

그녀의 따끈한 봉급을 믿고
눈먼 강아지를 또 데리고 왔다는
칠순 노모의 절뚝이는 발걸음도 어쩌면 멋!

아가씨가 데려온 개만큼은

심각한 진료비도 주는 만큼 받는다는
동물병원 원장님 텁텁한 턱수염도
사랑 좀 아는 멋!

근데 멋쯤 있으나 없으나, 사는 데 지장 없다는 건가
왜 이리 뉴스가 건들거리지?

새벽 기도로 다그친 나의 하루도
호주머니에 두 손을 찔러 넣었다

## 상강을 배웅하다

베틀 위 길어지는 밤에게 미안해요

솜이불로 덮어 둔 의문들에게 미안해요
시린 창문에 걸린 첩첩 산능선들 미안해요
귓불 발그레한 서녘하늘에게 미안해요
그윽한 순명, 고욤나무를 닮아서 미안해요
익지도 않은 젖가슴 단단하게 동여매서 미안해요
흔드는 꼬리가 점점 멀어지는 길에게 미안해요
꽃잎을 지운 채 오소소 떨며 섰는 구절초에게 미안해요

새 한 마리 날아들지 않는 공갈못 모퉁이 돌아
휠체어마저 외면하는 당신, 미안해서 정말 미안해요

바람 찬 하늘 귀퉁이 걸어 둔 곶감
말라가는 침묵이
그저 안쓰러울 뿐이죠

# 전기웅

*나는 그 나무 아래 붉은 그림자에 발을 들인다*

약력 □
2016년 《한국신춘문예》 등단
대구문인협회 사무간사, 계간 《서정문학》 부회장
대구시인협회, 형상시학회 회원
2022년, 2023년, 2025년 한국문화예술복지재단 창작지원금 수혜
시집 『촛대 바위』 『바이크, 불멸의 사랑』

### 야생화 따라 하기 외 4편

작다고, 이름도 없다고 길가에 버려진 그놈 하나
집에 와서 버리려고 놔둔 바지를 찢어
천 조각으로 화분 감싸주기로 한다

물 한 종지 떠다 붓고
방충망 뜯어 햇살 들이는 자리에 덜렁 앉혔다

밤새 찬비 맞고 풀죽은 잎사귀였는데
다음 날 아침 고개를 든다

참, 꽃도 눈치가 있는 그놈
혼자 사는 사람 집에 들어오니, 살맛이 나는 모양이다

나도 살맛이 난다
야생화 하나 덕분에 말수 줄던 벽시계도
틱틱 소리를 내고
잊고 있던 봄도 팬티 속 어디선가 살며시
움트는 느낌이다

누구든 한 줌의 흙만 있어도 뿌리내릴 곳은 있다

〉
살다 보면 사람도 꽃이 될 때가 있다

화분 앞에 앉아 오늘은 그냥, 나도 좀 꽃처럼
가만히 있어 보기로 한다

## 바람 부는 날

한 그루 단풍나무가 굵은 뿌리로
세월을 붙잡고 서 있다

사철 바람에 깎여도 계절마다 색을 갈아입으며
그의 가지는 한껏 하늘을 떠받친다

잎사귀 사이로 쏟아지는 햇살 몇 조각
그 틈을 지나 가느다란 바람의 손길이
잊혀진 이름 하나를 불러낸다

나는 그 나무 아래 붉은 그림자에 발을 들인다

언젠가 누군가와 서 있던 자리
바람은 헛기침처럼 기억을 끌어올리고
희미한 웃음 하나 옛 얼굴 하나가
가슴 안에 조용히 스며든다

낙엽은 가벼운 발자국에
스스로를 바수며 시간 속으로 흘러들고
빛은 등 뒤에서 말없이 아쉬움을 밀어 올린다

밤은 어느덧 하천처럼 고요히 흐르다 창턱을 적시고

별빛은 말없이
내 방 안으로 발끝을 들여놓는다

누군가 머물다 간 향기 비어 있는 하루의 틈을 어루만지며
잠든 기억들을 다시 배운다

손 닿지 않아도 곁에 없어도 한때 함께였던 시간이
내 어깨에 가만히 내려앉는다

바람 부는 날이면 나는
고개를 들고 한 걸음씩 한 걸음씩
하늘에 가까워지는 길을 다시 걷는다

흔들리는 마음의 가지에도
그대라는 빛이 아직 머물고 있다는 것을 느끼며

## 도꼬마리 풀씨

비는 종일 산수유 꽃등을 적셨고
기억은 그 여자의 뒷모습처럼 다문다문 사라졌다

그날 길가 풀숲은 온통 절정의 봄이었다

운명의 균형을 맞추는 저울처럼
사내는 말없이 비를 맞으며 천불천탑처럼 서 있었고
뿔테 안경에 김이 서릴 만큼
그는 눈을 떼지 못했다

누군가를 잃는 일보다 더 무서운 건
그를 향해 뻗어오던 마음들이 잊히는 일이었다

그는 풀밭을 달렸다
젖은 바짓단에 매달린 도꼬마리들
털어내도 털어내도 가시처럼 몸속 깊이 달라붙은
그날의 기억

비가 멎고, 해가 들고 언젠가 망각이 들이닥쳐도

〉
그 여자의 미소처럼 가슴 깊은 곳에
한 알 도꼬마리 씨앗은 다시금 피어날 것이다

묵언
　　- 문인수 시인 4주기에



비는 내리고 꽃들은 조용히 젖은 채
잎맥을 접고 있었다

수도꼭지 곁에 말없이 선 나무 몇 그루
누군가를 오래 기다린 듯
굳은 등줄기를 비에 내맡기고 있었다

나는 그 나무 앞에서 모자를 벗듯 고개를 숙였다

풀잎들은 고요했다, 말보다 깊은 말들이
흙 속 줄기와 뿌리에서 솟아오르고 있었다

침묵은 때로 언어보다 오래 머문다
잊힌 단어들, 그 뒤안길에서 아직도 자라고 있다

시는 오늘을 넘지 못한다
꽃잎 하나가 떨어진 자리에 아픔이 앉고
그 아픔에서 다시 한 줄기가 돋는다

작은 숨, 무너질 듯하다가 다시 살아내는 숨

시란, 쓰지 않아도 향기로 피어난다

그래서 오늘도 무너진 어깨 위에
말 없는 문장 하나 얹어본다

더는 무너지지 않기를 입술을 다문
그 나무처럼

## 굴뚝새 비행술

물그릇 속에 기름 잉크처럼 어둠이 떠다닌다
그 어둠을 한 모금 마신 굴뚝새가 기억의 굴뚝을 타고 오른다

짧은 부리로 붉은 인동열매 속에 무언가를 밀어 넣는다
숨은 우연 하나쯤, 꿀꺽 삼키는 건 일도 아니다

새는 성에 낀 유리창을 발톱으로 긁는다
그 소리, 귀퉁이에 놓아두었던 내 슬픔 같다

안개는 자꾸 무릎을 꺾는다
새는 새에게 전기 고문을 가했다는 말, 나는 그 말이
사람에게도 맞는다는 걸 알아버렸다

굴뚝새가 내 어깨 위에 내려앉는다
말 한마디 없이, 하지만 그 말 없는 고요 속에서
나는 내 뿌리의 행방을 묻는다

도시의 말들을 잃어버린 채 나는 오늘도 여행의 끝에서
두리번거리는 버릇을 가지게 되었다

〉
새가 그렇듯 사람도 그렇다
자기 안의 굴뚝을 한 번쯤은 날아올라야 한다는 것을

# 정양자

*모든 시름은 당초 없는 것인 양
먼동을 받아안아 어르며 달랬지*

약력 □
OMATE 시니어 기자(현)
서울디지털대학교 문예창작학과 졸업
2020년 《세명일보》 신춘문예 준당선 등단
형상시학회, 대구문인협회, 대구시인협회, 한국산문작가협회 회원
yj88999@naver.com

## 무화과 서리하기 외 3편

초록 피부 속에 달콤한 비밀 키우려
햇살에 눈 맞추길 여러 번

긴긴 면벽 수행 중이던 한 사람이
앙다문 이빨로 실낱같은 햇살 당겨놓고
깊은 곳 향기 키우기 위해 입술소리로
쉿!을 외친다

바람도 눈치채지 못할 산통
홀로 조용히 품은 붉은 씨알은
합장한 손 풀지 않는다

입에 풀칠도 못 하는 더위에 수행은 무슨 수행이냐며
세속에 물든 쑥덕거리는 이웃들에게
무화과 그녀의 응수는, 묵묵부답이다

깨달은 척 손바닥 하늘로 펼친 자는
치아 허물어진 잇몸 오물거리며
모든 것은 다 때가 있다는 듯

슬그머니 목구멍 너머로 달콤함을 삼킨다

## 저잣거리에 들다




풀숲에는 어지럽게 꽂힌 만장기
손은 오그라들고 발도 시리다

풀꽃향에 취한 흥정은 간데없고
날 선 바람들은 끼리끼리 치고받는다

먼지 길 지나오느라 퍽퍽한 목구멍
잠시 막걸리 한 사발 들이키고
토닥토닥 삭풍도 잠 재운다

풀숲에 핀 풀꽃들에게 거꾸로 뒤집혀 보여도
거스르지 않는 게 순리라 했던가

시시비비는 가리지 말지어다

아궁이에 불 지펴 가마솥 밥 짓고
어울렁더울렁 요깃거리
달던 군침에 곤하던 몸 단잠을 재운다

저잣거리 만국기 일렁일렁
한 묶음 꽃다발을 손금 위에 그린다

## 동화사길

굴리는 염주는 연속적 터널
땡글땡글 박힌 오색 고통이
위가 뻥 뚫린 하늘을
더 빨리 만나고 싶게 한다

가지각색으로 흐르고 싶은 땅 위 군상들이
멈칫멈칫 가쁜 숨 몰아쉬다가
동화의 길에 들었다

안길 품을 찾아 구르는 알들
길가의 단풍들이 질끈 품어 안을 때
알의 흰자위에 생겨난 실핏줄

끙끙거리며 오른 산비탈이
이젠 부화를 꿈꾸라 하는가

손안에서 구르던 염주는
108번째 번뇌 찌꺼기를
일주문 앞에 내려놓으라 한다

〉
산 내려온 저녁예불 범종 소리가
겨울 나뭇가지 위에
더부살이로 걸린 아낙네 궁둥짝도
시퍼렇게 달군다

늦사랑에 빠지다




잉태를 눈치채던 그날
산그림자 속에 숨어 세레나데를 불렀지

품 안에 푹신한 구름을 받아 안고
구두 뒷굽 닳는 줄도 모르고 왈츠를 췄었지

발버둥 장단에 옹아리할 때, 심장은 쿵쾅거렸지

천상의 리듬 속을 손잡고 걸을 때도
해독되지 않는 언어로 그림책을 읽을 때도
부서질 만큼 껴안고 싶었어

저무는 노을이 사무치는 날엔
모든 시름은 당초 없는 것인 양
먼동을 받아안아 어르며 달랬지

산은 오를수록 더 넓은 세상이 보인다고
반백을 넘기고 이제야 철든 사랑을 하다니

너의 보드라운 볼 부비며

가슴팍을 파고들 때
깨물고 싶은 충동 근근이 잠재웠지

이 사랑이 찐사랑인가, 참 사랑인가
묻지도 따지지도 말아야 했지

# 정연희

### 고장 난 시계가 먼저 앞질러 간다

약력 □
2017년 《서정문학》 등단
〈경북연가〉 디카시 「닻」 동상 수상
한국문화예술복지재단 창작지원금 수혜
대구시인협회, 대구문인협회, 형상시학회 회원
wjddusgml1023@naver.com

## 정비 중 외 3편

한때 신나게 달리던 바퀴가 마을 어귀에서 멈췄다

기름 말라붙은 원인은 캄캄한 엔진 조립도 속에서
낡은 책 귀퉁이에 접혀 있었다

헝겊을 꺼내어 기름때 조심스레 닦아보니
쇠냄새 밴 손끝 닳은 고무 틈새에서
오래 방치된 무게가 흘러나왔다는 것을 알았다

중심은 스스로 흔들렸고 나는 급하게 멈추려 했으니
기울어진 채로 굴러가던 차는 과부화를 앓았다

이제야 덜컥거리던 브레이크를 갈며 긴 숨을 고른다

잠든 엔진 위에 두 손을 얹자
그 바람, 누군가 섬진강을 먼저 건너가며
나를 위해 남겨둔 숨결이었는지

등 뒤로 조용히 밀려온 바람이 나를 안는다

〉
일정 부분 교체와 함께 수리를 끝낸
출동 정비 서비스 기사는
다시 시동을 켠 엔진 미세한 떨림에 귀를 기울인다

## 찢어진 장바구니

비에 젖은 손등이 눅눅한 무말랭이 같아서
몇 줄기 흘리던 눈물도 꾸덕꾸덕해진 뒤에야
백 원까지 세던 습관이 살아났다

셈할 수 없는 무엇 앞에서 여러 번 나는 찢겼다

비닐봉지 속 웅크린 오징어는 발끝에 스치고도
하루 종일 외면당한 누군가를 웃게 했다

비닐장갑 너머 무표정한 눈빛 아무도 묻지 않아서
열무김치 속 내 하루는
얼마나 열불 나도록 절여졌는지

바람 든 속이 얼마나 오래 숨을 참았는지
값을 매긴 표가 붙은 숨결을 들고 나는 또 줄을 선다

입 닫은 장바구니 속 굳은 손목 하나
도라지보다 질긴 한숨이 하동 시장 바닥에서
발 아래 지뢰처럼 밟힌다

〉
집으로 돌아와 텅 빈 지갑에서
구겨진 영수증 한 장 꺼내다가
찢긴 장바구니 밖으로 달아난 오징어의 그날을
다시 조용히 접어 넣는다

### 셔츠의 방향

늘 왼쪽 어깨가 먼저 닳는다
그쪽에 가방을 멨기 때문이다

단추는 하나쯤 어긋나게 끼워졌다가
다시 풀려 올라가곤 했다

카라의 끝이 들뜬 날이면
거울 앞에서 몇 번이고 손으로 문지르고
가방을 걸친 나는 길을 나섰다

하루를 견디고 나면
소매엔 먼지가, 등판엔 땀이 묻었고
퇴근 후 식탁의 등을 보고 앉을 때면
셔츠는 의자에 등을 기댄 채 나보다 먼저
긴 숨을 내쉬곤 했다

언젠가부터 그 셔츠를 빨아 널던 손길이
느껴지지 않는다

빨랫줄 따라 흔들리는 팔을 보면

한 생의 방랑을 가볍게 마친 그는
방문은 닫아건 채
별 그림자 빙빙 즈려밟는다

무거운 가방을 내려놓고
어디론가 가려는 것 같다

### 멈춘 시계는 나를 앞선다

시간을 맞추려 팔목을 감아보지만 줄은 헛돌고
고장 난 시계가 먼저 앞질러 간다

나는 그 뒷덜미를 붙잡고 여전히 제자리에 서 있다

바늘이 사라진 시계판 위로 발자국이 하나둘, 찍힌다
낡은 흔적이 내 하루를 대신 걷고 있다

언제부턴가 감아주던 태엽을 나 스스로 돌리지 않게 된 뒤로
잃어버린 분침 아래 고장 난 시간 속에서는
나는 오늘을 지나고 있는
내 발걸음의 무게가 느껴졌다

바로 그 순간 정지된 바늘 하나가
가장 정확히 나를 가리킨 것도 우연은 아닐 터

지리산 그림자 아래 조용히 숨을 고르던 어둠은
항상 제시간에 도착하고 있었다

# 조가경

*나보다 어린 저녁 해가 등을 떠민다*

약력 □
경북 영양 출생
2021년 《서정시학》 등단
형상시학회, 대구문인협회, 죽영문학회 회원
시집 『달리는 거울』
younghee9388@hanmail.net

## 옥상 남자 외 4편

컴퓨터 자판을 두드리면
먹구름이 등껍질 반짝이는 바퀴벌레처럼
한순간에 지나간다

제 할 일 급하다고 줄이고 또 줄인 말들이
한꺼번에 소나기로 쏟아진다

친숙한 누군가를 만났을 때
숨이 넘어갈 뻔 삐거덕거리는 쉼표는
과부하에 걸린 초인종 소리다

피라미드를 닮아 미끄러운 발밑
아찔한 옥상 지붕 위에서 남자는 지금
이집트 왕국의 어느 미라와 맞짱뜨는 중이다

볼과 어깨 사이에 전화기를 끼운 채
아슬아슬한 수학기호로
등껍질은 단단해도 아랫배 말랑한 곤충들과
누구와 지금 귓속말을 나누는가

높은 곳에서만 통하는 저 남자와 하느님은

상냥해서 낯선 것과 무뚝뚝해서 익숙한 것
누구와 어떤 말을 나누는지

나, 한참을 귀담아 엿듣고 있다

### 진눈깨비 소환

밀가루 묻힌 고등어 잘게 뜯어
기름에 튀겨내던 둥근 밥상이어도
비린내가 나지 않는 것은 가난한 파도에 미끄럼타던
푸른 등짝을 보았기 때문이다

같은 또래 셋이 새댁일 적 수다 떠는 날이면
잘 놀고 있는 손녀 등에 업고
남의 집 닫힌 문을 두드리던 시어머니

진눈깨비는 그런 심술이 되어
오늘 아이들 친구 엄마로부터
이십 년 전 나를 소환한다

유난히 어린 며느리 못 미더워했다는
증인처럼 놓인 현관에서는
입 막고 귀 막은 신발 세 켤레가
문득 그리움으로 떠오르고 있다

공기 싸늘한 단칸방 좁은 부엌을
아직도 힘 좋은 생쥐가 냄비뚜껑 후려칠까

〉
알면서도 모른 척 돌아다닌 그날의 발소리는
수평 맞지 않는 골목길로 끌고 와서
내가 사는 집 복도 입구에 이르러
탁탁 엉겨 붙는 진눈깨비 털고 있다

## 삼호복개천

다리 위에서 흐린 날을 반기는 택시가
손님을 기다리며 깜빡이는 불꽃은
한겨울이 피운 꽃이다

기다리던 친구는 아직 오지 않고
흔한 커피 자판기 하나 없는 난간
바람이 선물한 털모자를 쓸까, 말까
내 고민은 깊어졌다

막다른 골목길까지 가보자 마음먹으면
구름에도 옷이 젖을지 몰라

되돌아와야 하는 길이 두려워
익숙한 길로만 흘러가는 개천가
이곳에서 며칠의 휴가를 낭비해 버리는 건
멀쩡한 발목에 묶인 쇠사슬처럼 싫었다

햇살이 없어서 더 나른한 자전거 바퀴는
공기 빠진 허공의 기억을 더듬어, 또 들어 올린다

〉
바닥에 박힌 돌멩이들은
흔들의자를 또박또박 읽던 치통이라 해야겠지

늘어진 나무에 걸어둔 전구가
삼호복개천 가 움츠린 어깨의 비를
팔각정 안으로 불러들이고 있다

## 꽃 지는 금요일

잡초들 틈에서 요일에 시든 펜스테몬이 금이빨로 웃고 있다

해가 기울면 석등은 감나무를 흔들어
하늘에서도 반짝이던 감꽃들
계단 층층이 반지처럼 굴러떨어지고 있다

아름다운 것만 보라고 한쪽 눈을 감고
동그랗게 걸어 다니던 햇살이
싹싹한 카페 주인이 되어
찾아오는 그늘에 의자를 내어준다

하루는 펜스테몬을 보러 나가고
하루는 커피 한잔으로 마음을 훑어내리다 보면
온종일 잘 여물 수 있도록
꽃 떨어진 자리에도 나의 위로는
몇 겹 달콤한 그림자로 걸쳐진다

주말까진 얼마 남지 않았다는 생각이
흘러온 길을 이쯤에서 묶어두고
새길을 찾아 나서게 한다

〉
웃는 얼굴에서 흘러내리는 건 주름살
여기도 내 자리가 아님을 알게 하는지
미련은 두지 말고 앞만 보고 집으로 가라고

나보다 어린 저녁 해가 등을 떠민다

## 선잠

미동 없는 자전거 안장에
누가 꽃다발을 놓고 울다 갔다

침을 뱉기도 하고 발로도 걷어차여서
비스듬히 쓰러져 누운 자전거

상처에 약을 발라주려고 달려온 건
코가 까매서 멸시받던 강아지였다

자전거가 또 누군가를 기다리는 동안
기다린 만큼 빗물이 다녀갔고
씽씽 달리던 뼈대만을 기억하던 잡초는
넘어진 자전거를 일으켜 세우느라 무성해졌다

뒷바퀴 뒤 짐칸을 흐릿하게 잡는 건 우유배달의 흔적

깊지 않은 새벽잠 속에서
바람을 미끄러지듯 내달리는
어설픈 초인종 소리가 났다

# 채자경

돌아오리라, 살아서 돌아오리라
초록 울음으로 출렁거렸다

약력 □
서울 출생
월간 《순수문학》 등단
24회 영랑문학상 우수상 수상
형상시학회, 국제펜클럽, 한국여성문인협회, 한국문인협회 회원
시집 『목련꽃 사다리』
ckj5026@daum.net

## 빈 섬의 하루 외 3편

파도 소리에 귀 기울이던 망초꽃
가냘픈 손가락마다 춤사위 퉁겨낸다

다칠까, 빼지 못한 발이
질퍽한 땅을 붙잡고 있는 사이
노을은 내려와 뻘에 깔린다

울음은 웃음으로 피고 지고
희디흰 소맷자락
풀어 헤치는 이곳에 와서 주문을 외는
물새들은 모두 떠났다

꽃잎 당겨낸 이불자락 끝에서
혼자 뒤척일 수밖에 없던 조약돌은
반짝이며 다가올 밀물을 그리워하고 있다

## 뒷바람

꼬리 잘린 바람이
티비 자막으로 굴러다닌다

귓속 눈 속 마음속까지
풍문들에 어지러워 귀앓이

턱턱 막히는 마음
상처 위에 쏟아져서
휘발되지 못한 말들로
세상은 부글 부글 끓는다

다친 산짐승 한 마리
누구도 믿을 수 없는
어지러운 보폭일 때도

훌쩍 건너뛴 구릉
남겨진 붉은 선혈에서
찔레꽃 핀다

## 울음 타는 붉은 강

어머니는 눈물로 얼룩진 아버지 편지를
강물에게 읽는다. 내가 듣는다

태극선 부채로 한을 말리던 엄마의 눈물은
아카시아 꽃이 필 때도 마냥 붉기만 했다

갓난아기 없고 보따리 이고 지고
귀신새 울음에 소스라치면서도 넘었던 산길은

돌아오리라, 살아서 돌아오리라
초록 울음으로 출렁거렸다

버썩 마른 목, 개울물로 적시고
허기진 배 초근목피로 채우시다
덜커덕 등가죽에 붙은 배

섶다리 아래서 울음이 타던 강은
물결에 아기 얼굴 남편 얼굴 번갈아 비쳐서
기어이 엄마는 죽지 못했다고 한다

〉
아버지가 남긴 편지글 속에서
태극기 물결치듯 넘실넘실 살아야 했다

하소연 길고 긴 그 세월에서
소쩍새도 울고
그리움에 목이 길어진 나도 울었다

## 유리의 날들

1.
성에 낀 유리창
손톱으로 쓴 상형 문자를
날아온 개똥지빠귀가
불멸이라 읽는다

2.
갸웃갸웃 묵주를 헤아리다가
망각의 보금자리에서
구름의 주소를 묻는다

하루하루 날아오느라
허공의 날개가 일으킨 파동은
얼마였던가

갸우뚱 고개 젓는 개똥지빠귀
유리에 비친 얼굴
눈물이 남긴 얼룩 왠지 익숙하다

3.
달빛이 스며든 깃에서
방금 낳아놓은 알의 표면 같은
침묵이 구른다

몸 밖 공기에 순응하려던
절망의 빛깔을
어미의 초록 숨결에서 보는가

먹이 물어온 어미는
온몸에 체온 긁어모아
유리된 유리를 품는다

빛의 파노라마에 숨어든
예고된 순간들이
신화의 그림자를 키우는가

하늘 한 자리 먹구름에 내어주듯

4.
젖은 깃털 하나에서
지난 빗물의 기억을 본다

발이 미끄러워 정박할 수 없는
수직의 경계에서도 개똥지빠귀는

어느새 불멸의 몸짓이다

머지않아 몰려올 폭염에
찰싹 달라붙은 얼굴이
유리 넘어 유리를 넘보고 있다

# 최지원

*돌아갈 곳은 구겨질 리 없는 본성이다*

약력 □
2016년 계간 《시산맥》 등단
제11회 최치원 신인 문학상, 제16회 황금펜아동문학상, 제6회 김명배문학상,
2025년 North Carolina 디카시, 대한민국 신춘문예 디카시 수상
2020년 대구출판지원금, 2021년 중소출판사 출판콘텐츠 창작지원금,
2023년 아르코창작발표지원금, 2024년 대구문화예술 창작지원금 수혜
동시집 『초승달 지팡이는 어디에 있을까』 『목련이네 응원 레시피』
시집 『얼음에서 새에게로』
calor67@hanmail.net

### 목련블라우스 외 4편

오래 앓았던 봄을 꺼내 입는다

서랍 속에서 빛바래 가던
못다 쓰여진 목련 한 벌

너무 빨리 져버린 계절은 되돌릴 수 있을까

버릴까 말까 망설이다
구름단추구멍에서 들리는 의미심장 박동 소리
귓가에 맴돌 때마다 다시 꺼내본다

옷이 몸을 읽는다
봄은 여전한데 옷이 놓친 것은
봄의 기억일까, 몸의 기억일까

옷이 가는 곳엔 몸의 기억도 깨어나는 걸까

함께 거닐었던 천변의 풍경이
한꺼번에 출렁이며 밀려와 자꾸만 무거워지는 옷

〉
몸이 아직 일러서
온전히 봄을 담을 수 없는
옷의 페이지, 다시 덮어둔다

안팎이 맞지 않는 건 여전히 추운 날씨 탓으로 돌리는데

창밖 목련 둥지의 어미 까치
깍깍깍 요란한 구름 시추작업 틈으로
영하의 공중이 헐거워진다

생기가 돌아 나오는
목련 한 벌에 팔을 끼우는 봄의 몸

목련블라우스 봉긋봉긋 부풀어 오른다

모르는 책상


남자가 책상을 닦는다

처음부터 모르는 책상을
어느 방향으로 흐를지 모르는 책상의 무늬를

먼지 속에 무표정하던 무늬가 술렁이고
잠든 귀퉁이가 깨어난다
내면의 소리를 듣기 위해 예민해진 네 개의 귀들,
텔레파시를 주고받는다

남자가 등골이 휘어지게 책상을 닦는다

왼쪽에서 오른쪽 귀로
왼쪽에서 오른쪽 귀로
무늬를 밀고 당긴다

무늬에 속도가 붙자
과묵하던 나이테에 파문이 일고

자신으로부터 최선을 다해 달아나는 무늬들

〉
달아날수록 가속도가 붙어
초 단위로 진화되는 무늬들의 표정

한 방향으로 밀고 가는 무늬의 세계가
파도의 파고로 일어서고

바다코끼리는 상아로 물보라 탑을 쌓는데

닦으면 닦을수록 구하는 것은 아득하여
더 모르는 책상이 되어간다

책상과 남자의 거리가 점점 멀어져
책상의 귀들은 직각으로 깨어 있다

## 붉은 수화

잎이 넓은 나무일수록 잡음에 개의치 않는 무딘 청력을 가졌다

그렇다고 나무의 귀가 아주 무딘 것은 아니다
몸 밖으로 뻗어 있는 수많은 안테나는
몇억 광년 떨어진 별들의 교신까지 스캔 뜬다는 사실을
나무가 남긴 나이테를 보고서야 알았다

몸 전체가 소리를 기록해 놓은 엘피판이라니!

나무에게 읽히지 않는 소리란 없었겠다
낱낱의 사물, 우주의 섭리가 깊이 해독될수록
셀 수 없는 문을 입에 문 나무
일 년에 한 번만 어눌한 말을 내뱉었다

수시로 들락날락거리며 마음까지 휘저어대던,
호들갑 떨던 바람의 수다에 잠시 응대해 주던,
뾰족이 내민 시퍼런 말로 풋내를 풍기는 수화
타고 오르는 넝쿨의 여린 눈망울들에겐 치명적이라는 것

나무가 수도 없이 반복하던 동의어에도 귀가 어두운 나는

추락의 끝이 뿌리의 끝을 간지른다는 것을 알게 되었다

나무들이 자꾸 쏟아낸다, 붉게 익은 말
지나가는 버스 안, 그림자로 스며든 나무들
몸속 깊숙이 붉게 읽힌 수화가 번성할 때

내 귀는 당나귀처럼 삐죽삐죽 돋아났다

## 고무의 시간


먹선이 비치는 수묵담채화 속으로
급브레이크 자국 남긴 고무

돌돌 말아 한참 꾹 쥐고 있어 본들
고무에게는 축소 해석이 없으므로
돌아갈 곳은 구겨질 리 없는 본성이다

사방팔방으로 쑤셔 본들 유추 해석에 휘말리지 않아
한지 위에 찍힌 고무는 늘 긍정적이다

웅덩이투성이 고무에게 웅덩이란 없는 법이다

가위에 잘려도 평정심을 잃지 않으므로
여전히 고무이던 고무

고무가 만난, 셀 수 없는 깃발들
시도 때도 없는 펄럭임도 고무 안으로 들어오면
눈 내린 풍경처럼 잠잠해진다

도대체 고무에게 무슨 일이 있었을까

〉
이 모든 일에 폭설처럼 태연자약한 고무
세상에 어떤 고무鼓舞적인 일을 만나본들
고무의 깊은 심중을 알 수 있을까

해답을 물어보려는 순간
그늘만 먹고 살아온, 거실 한쪽 구석 고무나무
제 몸속의 미로를 풀어놓은 채
부정의 살점을 뜯어먹고 있다

찢기 직전의 한지가 고무를 팽팽하게 잡아당겨 본들
누군가 버리고 간 수묵담채화에는
확대 해석이 불가능하도록
지상의 모든 길을 눈이 덮었다

## 최후의 원근법

　오전 9시, 희다고만 고집하는 것은 검은 부분을 지나친 것인가 오후 6시, 검다고만 고집하는 것은
　흰 부분을 놓쳐버린 것인가 왼다리로 오전 9시에서 오후 6시 사이
　물음표처럼 서 있던 잿빛 왜가리 물 밖 돌멩이에게 물속 돌멩이의 시작과 끝을 묻는데 물속 돌멩이가 되어 본 적 없는 물 밖 돌멩이로 건너가던 왜가리 가슴에 묻어두었던 오른 다리 아래 잿빛이 흘러내릴 때 왜가리를 벗어놓은 왜가리 노을 속, 붉은 점으로 스며들고

테마시

# 선과 악

최지원 채자경 조가경 정연희 정양자 임서윤
이은희 전기웅 이승권 오상연 김주명
심수자 박영선 박만성 권영숙
김정아 김상순

## 설원의 나무

최지원

위, 아래 좌우가 아슬한 경계에
히말라야시다가 산다

설원 꿈꾸다 부드러워진 가시
촘촘히 층을 이루었으나
도심 한가운데 거대한 뿔로 선다는 것은
여간 어지러운 일 아닐 것

그러나 나는 이처럼 순한 뿔을 본 적 없다
절대 넘어서는 안 되는 경계란
시간 밖의 경계라는 것을 아는 히말라야시다

위에서 누르는 무엇을 치받고 싶을 때
나는 뿔 같은 그늘에 앉아
커피 마시고 불끈 솟는 힘으로 종이컵 구긴다

그러나 뾰족한 창날처럼 우뚝 서
누군가를 찌르기 전
소통의 깃발 흔드는 히말라야시다

〉
시도 때도 없이 고함치는 자폐의 뿔이기보다
천천히 밀어 올리는 허공의 피, 몸 안에 당겨 넣어
힘보다 순리를 앞세우는
당신의 승리에 잔잔한 박수를 보낸다

깊고 넓은 지반은 갖진 못했지만
설원의 꿈 단번에 꾸게 하는 착한 뿔이어서
히말라야시다, 나는 네가 좋았다

새해의 기도

채자경

남쪽 강 건너온 바람을 찍어
동트는 하늘에 기도문을 쓴다

온 누리에 별빛 피어나리라

돌개바람은 밤낮 분간 없이
똘똘 뭉친 음모로
싸움을 부추길 때도
풀들은 몸 일으켜 희망가를 부른다

평화를 잃은 회색 독설들이
자욱하게 몰려오는 새벽
사랑의 편지는 초록 칠판 가득하여라

물빛 하늘 고드름 타고 내려온
꽃바람 봄산에 부는 날
산천 잎들은 볼살을 살찌우리라

낭인

조가경

  등짝에 지구 지도 그려진 티셔츠를 걸쳐 입으면 어디나 집이 되나 봅니다. 교회 마당에서 얼씬거리다가 카페로 들어가면 삼베 앞치마 허리에 두른 직원이 기지개 켜는 동작으로 쫓아내려 합니다. 길고양이 울음을 들려줘 볼까요. 길을 잃었다고 몇 번이나 설명해도 길고양이보다 못해서 문전박대입니다. 그럴 때면 나는 발목을 어두운 바닥에 묶어둔 채 하늘 향해 삿대질합니다. 얼마 되지 않아 신고를 받고 나온 시청 직원에게 이끌려 귓불이 잡힌 채 택시에 태워져 외곽지 어느 간이역쯤에 버려집니다

  가끔은 어디서 많이 들어 본 반가운 사투리, 서울 물 마시더니 서울 사람 다 되었다는 고향 까마귀가 물고 온 도꼬마리는 내 흉을 봅니다. 처마 밑에서 잠든 물고기를 향해 투덜투덜 돌팔매를 던지곤 합니다. 교회도 카페도 보이지 않는 이곳에서 긴 의자에 엉덩이 붙히고 앉아 있다가 보면, 등짝 뒤에서 자전하는 지구가 삐거덕거리는 소리 들립니다. 자장가도 없이 든 잠에서 깨어나 보니 허락도 없이 몸 안의 별빛을 흡입 중인 모기의 눈, 참으로 선한 그의 눈에서 나를 닮은 참으로 민망한 웃음기를 봅니다

## 도시락 가방

정 연 희

계단 아래 조용히 앉은 작은 가방에 담긴
냉기 맺힌 알루미늄 뚜껑은
타래로 엮어진 국물 자국처럼
노을로 번지고 싶어 했다

나는 숟가락을 꺼내며 늘 한 입 밥을
고수레로 개미들을 향해 던졌다
그리고 늦게야 떠올렸다
누가 김 나는 밥을 정성껏 쌌는지

무릎 꿇고 밥을 눌러 담던 손
달걀말이 끝단을 접던 숨결에서 소금이 도드라진 날이면
몸이 더 지쳐 있었단 걸

빈 도시락을 닫으면 가방은 조용히
비워졌다는 이유 하나로
제자릴 지킨 누군가의 하루가 덜 걱정스러워졌을까

가방처럼 흔들리던 나는
속은 잊지 않고 채웠건만 고맙다는 말은

나를 평사리 들판 어디쯤
두고 온 것 같다

그때도 지금도 텅 비어
하동의 들판을 흘러가고 있는
선한 섬진강 노을을 보자기로 꼭꼭 싸맨다

## 풍문을 엿듣다

정양자

누가 살을 다 발라 먹은 거야?

걱정하지 마, 지나가는 바람이야.

빌라 진입로 생선 뼈 같은 메타세쿼이아에
눈 퀭한 경비아저씨 귀를 대고 있다

빈 솥단지는 누가 긁는 거야?

잠든 자식들 곁에서 밤새 꼬르륵거리는
어미 아비 뱃가죽은 누가 달래주나!

어제는 눈바람 맞았으니, 오늘은 감질나는 햇살에라도
우리 언 몸 녹이고 보는 거야

벌거숭이 바람 앞에서 일제히 납작 엎드리는 법을 두고
아저씨와 나무는 귓속말을 나눈다

등짝에 달라붙었던 뱃구레에도
초록이 떼거리로 일어날 날 있을 거야

파먹어도 줄지 않는 햇볕은 찾아들 거야

## 폭식을 조문하다

임 서 윤

그날이 그날 같은 노래를 마친 새가
저녁에 끌어당긴 어둠
립스틱 지우듯 지우고
조간신문을 이제야 펼쳤어
더 부르고 싶은 노래가 남았는지
양 볼 터지게 구겨 넣는 상추쌈
감기던 눈이 널브러진 꽃잎에 걸려 넘어지네
베링해를 누비던 댕기바다오리
빨간 부리 너무도 선명해서 여타의 새들은 화답을 않네
저런, 바다도 하릴없는 목소리를 접고
꽃잎 위에 검은색 리본을 띄우네
댕기바다오리 두툼한 입술은
한 번에 예순두 마리까지 먹이를 물어 날랐다 하네
접어두었던 그리움의 맨 끝날처럼
짙은 립스틱 아직 그대로
댕 댕 댕기 댕기 댕기오리야
눈꺼풀 닫힌 뒤에야 멎어버리는 노래
완벽한 자유의 날개 꿈에서 펄럭거리네

## 넝쿨장미, 그럼에도 불구하고

### 이은희

유리 조각 박힌 담장 위 맨발로 걸어가는
입술 붉은 그림자를 향해
나는 별 하나를 들어 올렸다

빛은 적막했다, 그러나 빛은 빛이었다
그것이면 충분했다, 어둠은 말이 없었다
담벼락 위로 스며드는 게으름 속에
패잔병처럼, 가난은 기어오르고
나는 내일을 갉아먹으며 누워
그때, 내 안의 짐승이 "지금이 기회야"
억눌러 두었던 욕망은 물 끓듯 속삭였다
나는 고요히 귀를 열었다
잘못된 과거는 발목에 감긴 덫
박수를 보내오는 자들이 내 편인지, 관객인지
혼란스러울 때도 있었다
하지만 나는 기어이 기억하려 했다
신이 남긴 선물, 고결함의 씨앗 하나
실수와 실패의 풀숲에서도
내 가치는 하늘빛 닮은 넝쿨이어야 했다

〉
장미는 가시를 감추지 않았다
상처 없는 고결함은 없으니까

## 이분법 *선과 악*

전 기 웅

선은, 아침 창문을 열며 들어오고
악은, 저녁 뉴스 속에 숨어 있다

그러나 둘은 등을 맞대고 앉아
한 그릇 밥을 나눠 먹는다

말없이 건네는 물 한 잔에도
어쩌면 이기심이 스며 있고
길가에 버려진 돌멩이에도
누군가의 눈물이 묻어 있다

선과 악은
흑과 백으로 나뉘는 것이 아니라
가랑비처럼 섞여 내려
누구의 어깨 위든 함께 젖는다

누군가에겐 구원이고 또 다른 누군가에겐
벼랑 끝이 되는 그것

나는 중력의 경계에서
자주 길을 잃지만

그래도 사람을 쉽게 미워하지 못한다

미워하는 순간 내 안의 선이
먼저 울기 때문이다

## 흔적, 자라나는

이승권

일상의 삿된 일들이
무심코 튀어나온 말들의 촉매가 된다

꿈 혹은 무의식을 먹고 자란다

등짐 진 말은 낭떠러지를 헤매다가
무슨 잘못으로 오금이 저려 오는가

생각이 지난 자리에 멈춰선 나는
지워지지 않는 흔적들을 살핀다

신문은 배달된 시끄러운 세상에 버거워하고
파리채 들고 거실을 서성거리던 나는
새벽녘을 탁탁 두드린다

빌딩 숲속 검은 그림자로 날아다니던 욕심은
왜 뻔뻔함을 내려놓지 못하는 거야

미처 보지 못한 커다란 땅 꺼짐이
시커먼 입을 벌리며

구 층 베란다 밖으로 고개 내민 나를 올려다본다

밖으로 나간 발 달린 말이
날개 달린 말을 만나면
도수를 높여 입을 쩍 벌리고는
달려든다, 위협적이란 이런 것이었다는 듯

## 유산, 불합리한

오 상 연

속을 더 많이 비운 대나무에서
낮은 음성 한 자락 들려온다

어떤 바람에도 흔들리지는 않아야 한다며
늘 웃기만 하는 하회탈을 무슨 수로 나무랄까!

해 넘어갈 때쯤 불어오는 찬 바람에
아픈 손가락이 또 날려버린 착한 근성

울음이 스며있는 엄마를 떠나보낸 후
작은 새를 품어주던 구름은 내게로 날아왔다

황혼이 물들어가는 하늘에서
숨죽여 살아온 날개를 편히 접고 싶은데
언제까지 수리부엉이처럼 빙빙 돌아야 하나

나 언제까지 받기보다는 주기 바쁜
오빠의 누나로 살아야 하는가?

꼭 닮은 엄마처럼 걱정에 꼬리는 늘
손톱 밑에 자리 잡고 있어
오빠의 가시에 내 손끝은 늘 따갑다

# 평행선

### 김주명

끝이 없다는
당신과

끝은 있다며
끝까지
줄지어 선

나

## 사과나무 독백

심 수 자

썩은 사과를 도려내는데 폴폴 콧속으로
살냄새가 스며든다

썩게 한 것은 악인데 향기는 왜 신선할까?

애플사의 로고에서 에덴동산이 보인다면
분명 아담과 이브는 사과를 광고하는
최초의 모델이었을 거야

입 큰 당신이 베어 문 사과향기가
시온의 언덕을 넘어 팔레스티나까지 신의 말씀으로 스며들었다 해도
난 당신의 말씀대로 살지 못했으니

무슨 수로 선악을 구별할 수 있겠어?

원초적 죄를 안고 태어난 탓인지
사과를 먹을 때마다 본 적도 없는 이브는
왜 자꾸 머릿속에서 떠오르는 건지

어두워지는 내 얼굴을 달빛 거울에 비출 때

남은 삶은 어떻게 살아야 할지
받아 드는 시나이산의 지침서 한 장

사과와 나 사이에는
서로 썩지 않을 간극이 필요하다는

## 꿈의 마중

박영선

나룻배에서 삼베옷 입은 어머니가 기다리셨다

푸른 강물 건너온 마치 첫 만남처럼
아버지는 말없이 그 뱃길 따라 함께 떠나셨다

육십갑자 일곱 해를 더한 세월
서로의 곁에 기대어 보낸 시간이 순식간에 지워졌다

그날 밤, 꿈에

고택 대문에서 젊은 어머니가 나오셨다
반가워 눈물 쏟으며 "엄마" 부르니
어머니는 고개 저으며 문을 닫고 돌아서 계셨다

외모는 엄마 같지 않았는데 꿈속에선 엄마라고 되뇌던 목소리
무슨 이유로 모른 척 그 문을 닫으셨는지

햇살 밝은 고택 흙 담장 아래 웅크린 낯익은 개 한 마리
홀로 그 자리에서 따스한 햇살만 바라본다

〉
깊은 눈 속엔 무언가를 새긴 듯, 시간을 기억하는 듯
이제 나에게 남은 건
사무치는 그리움뿐이라는 듯

## 불안한 밀회

### 박만성

케이블카에 올라탄 당신과 나는
구름 보푸라기 일어나기 시작한다
밀려 올라가는 짜릿한 철탑
긴 머리카락 뒤로 후름라이드가
목과 어깨를 타고 미끄러진다
속마음을 읽은 새 한 마리도
덩달아 분주하다
탬버린 두어 번 허공에 튕기고
탑승객은 비명이다
구르는 바퀴는 철탑을 향하고
내가 만들어 놓은 바람 레일을 따라
당신의 시간 바퀴는 마음 둘 곳을 찾는다
우리는 서로의 관계를 확신하지 못해
밀고 당기는 기계실 모터에서 망설인다
야속한 목적지에 다가갈수록
당신에게 건너가던 나의 전류는
손끝을 타고 심장으로 역류한다
가슴의 한 부분이 저릿저릿하다

## 도시의 그림자

권영숙

골목에 웅크린 쓰레기봉투는
제삿날 젓가락처럼 뒤엉켜
말 다 못 한 서러움들 되새김질을 한다

틈새 빠져나온 식은 국물
어제의 웃음과 오늘의 잔소리
마치 남루한 연극 대사처럼 뒤섞여
향香의 발끝을 휘감는다

하얀 비닐의 얼굴 위로 금이 간
기쁨은 무른 과일처럼 터지고
슬픔은 묵은 된장처럼 삭는다
지난날 어눌했던 삶의 표정들이 번져온다

이따금 지나가는 바람이 몸을 흔들면
속울음 같은 냄새가 피어 흩어진 자리
누군가의 하루가 저리도 서럽게
버려진 채 김칫국물에 젖어있다

아무 말 없이 도시의 그림자를 드리운 채

## 봄, 해후

김정아

쉼 없이 꽃을 탐하던
가슴 붉은 딱새 한 마리

여러 날 움켜쥔 권력이
가녀린 꽃술 마구 들이켰을 거라고

나 혼잣말 토해내다가
얼굴마저 창백해졌다

분명 누군가의 심장을 붉게 흔들었겠지

감당하지 못할 바람에
잎들은 이리저리 끌려다녔을 거라고

뜨거운 울음 뱉어내던 커피 물이
손등으로 떨어지는 건 순간
아차 하다 눈앞이 캄캄해지기도 한다는 걸
가끔 우린 잊어버리곤 하지

파랑 치듯 뿌연 꽃잎들 날아가는데

어떤 날은 그러그러했을 거라고
들이마시는 아침 공기 속

그 딱새 돌아오길
나 기다린다

## 가슴성형

### 김상순

내 가슴에는 오래된 주름이 있다

손끝으로 펴보려 해도 쉽게 지워지지 않는
세월이 지나며 남긴 흔적들
겹겹이 쌓여가는 나이테처럼
상처도, 기억도 그 안에 새겨져 있다

시간이 지나면 괜찮아질 줄 알았지만
세월은 그저 주름 위에 또 다른 주름을 새길 뿐

가까이 다가갔을 뿐인데 말없이 내쳐지는 손등 하나
툭, 가볍게 흔들린 그 손짓이
내 마음 한구석 더 깊은 선을 남겼다

흐려진 눈 사이로 비로소 보이는 것들
나는 더 이상 그 주름 속에 갇혀 있지 않기로 했다

이제 나를 더 사랑하기 위해

깊어진 주름 안쪽에 뭉게구름 채워 넣으려 한다

고추잠자리 날아와 쉬었다 가도록

# 좋은 시를 찾아서

대구신문 연재 시 중 회원 시 발췌

채자경 정양자 심수자 오상연 이승권 조가경 임서윤
김정아 권영숙 김주명 정연희 전기웅
이은희 박만성 박영선

해설 ▶ 박윤배

## 푸른 밤, 푸른 강

### 채자경

약삭빠른 별들은 바다로 떠나고
검은 공중에서는
잠 못 이루는 게으른 노란 점들이
사다리를 타고 있다
그림자가 껴안은 먼지에
푸른 그물을 치던 낮의 빛들은
허상의 꼬리를 자르기에 바빴다
빛의 경계에서 굳어가던 진실의 뿌리는
덕지덕지 눌어붙는 모순에
대물림 되는 아픈 기약으로
부패의 늪을 넓혀 갔다
검은 강물을 향해 튀어 오르는
은빛 물고기들을 찾아가는 길
하늘도 노을 사다리를 내어준다
제 이름 하나 온전히 갖지 못한 나는
밤새 끙끙거리며 언어로 짠 베를
은하수에 띄운다

해설

시인은 강가에 서서 초저녁에 만난 별들이 강물 속에 들어 떠내려가고 게으른 새벽의 별들은 사다리를 타고 내려오고 있다는, 강가에서 만난 별의 기록을 한편 시로 옮겨적고 있다. 그림자가 껴안은 먼지에 푸른 그물을 치던 낮의 빛들은 허상의 꼬리를 자르기에 바빴을 테고, 믿었던 빛의 경계에서 굳어가던 진실의 뿌리는 "덕지덕지 눌어붙는 모순에/ 대물림 되는 아픈 기억으로/ 부패의 늪을 넓혀 갔다"고 낮과 밤의 경계를 시인은 읽고 있다. 어둠을 뚫고 내려온 밤의 빛 즉 별빛은 은빛 물고기들을 찾아가는 길이라고, 해서 시인은 그 별의 발밑에 사다리를 놓아주는 성의를 보여주면서 제 이름 하나 온전히 갖지 못한 자신을 본다. 밤새 끙끙거리며 언어로 짠 시의 배를 반성이라는 은하수에 가만히 띄우고 있다.

# 맷돌궁합

### 정양자

겉과 속 같기는커녕 비슷한 게 하나 없는 너와 나
한 이불 덮고 사는 이유를 자꾸 물어서 뭘 하겠어요

찔러도 바늘만 휘어지죠

아랫돌 배꼽을 눌러줄 만큼 윗돌은 무거워야 하죠

봄을 갈고 여름을 갈아 돌리고 또 돌리면 주르르 흘리는 물

너와 나는 반지르르해지죠

이런 우리를 두고 누가 어처구니없다, 장담할 수 있겠어요

맞잡은 두 손 꼼짝하지 않더니 벽창호 맷손 따라

나 고분고분 어제도 오늘도 잘도 돌아가요

찌르면 휘어질 뿐인 바늘이라도
끼워 돌릴까봐요

## 해설

　누군가 힘주어 돌리지 않으면 그냥 평평한 돌일 뿐인 서로의 관계를 맷돌로 비유하면서 시인은 손잡이를 함께 돌릴 때 주르르 흘리는 물 즉 곡식이 갈리는 이상적인 현상을 이야기하고 있다. "어처구니"는 결국 맷돌을 돌리는 손잡이를 이르는 말이고 아랫돌은 고정된 돌 결국 윗돌을 돌리면 저절로 잘 맞는 궁합이라 정의한다. 결국 서로의 관심과 노력이 중요한 관건인데, 이때 꼼짝하지 않는 윗돌에 자극을 주는 건, 바늘이다. 결국 찔러도 휘기 쉬운 바늘이지만 그런 나약한 바늘이라도 어처구니로 끼워 돌리면 맷돌은 돈다는 삶의 해학을 시로 환치하고 있다. "겉과 속 같기는커녕 비슷한 게 하나 없는 너와 나/ 한 이불 덮고 사는 이유를 자꾸 물어서 뭘 하겠어요" 이미 궁합은 따질 필요 없이 함께 살고 있는 남녀 혹은 부부의 관계라면 손잡이 함께 돌리는 지혜가 중요하다는 진술을 통해, 화합되지 못하고 서로 탓만 하는 우리 사회가 지닌 어떤 모순에 대해 우회적 일침을 놓고 있는 시로도 읽힌다.

## 봄의 부력

심 수 자


드문드문 켜지는 목련꽃은
모서리가 닳아야 깊어지는 고요다

흔들리는 촛불에
거뭇하게 그을린 활자들은
오래도록 시렸던 행간의 앞섶을
맹금의 눈으로 엿본다

어둠에 익숙해진 눈을 가진 당신은
한꺼번에 번쩍 뜨는 목련의 눈꺼풀에
눈이 부시다, 하겠지

꿇은 두 무릎 사이로
젖은 얼굴 파묻는다 해도
당신의 등대가 될 수 없는 나는
양손에 촛불을 켜 든다

〉
캄캄했던 어제를 속절없이 보내고
떼 지어 달려올 목련을 기다리며
나무 위로 기어오른다

봄다운 봄날을 다시 일으켜 세우려

### 해설

　봄날에도 부력이 있다니, 아마도 시인은 목련이 피는 것을, 공중에 뜨는 것으로, 낯설게 읽어내면서 지금은 아직 온전한 봄이 아니어서 봄다운 봄을 기다리는 진통의 시간으로 보고 있는 걸까? 지난날 막무가내로 켜 들던 촛불의 혁명은 온전한 혁명이 아니었고, 거뭇하게 활자들만 그을려 놓았음에 시인은 맹금의 눈으로 오는 봄을 살피고 있다. 어둠에 익숙해진 눈을 가진 당신은 편향적 이념에 길든 당신일 것이고 "한꺼번에 번쩍 뜨는 목련의 눈꺼풀에/ 눈이 부시다 하겠지"라는 여운을 남기면서 시인 자신은 그냥 양손에 등대 같은 촛불을 켜 든 목련이기를 꿈꾸고 있다. 시인의 이상은 나무 아래 머무는 게 아니라 나무를 기어오르는, 그런 심정적 목련을 피우는 게, 봄다운 봄을 기다리는 일이라 에둘러 말하고 있다.

## 후투티 전갈

오상연

찻집 전망 좋은 창가에 먼저 앉은 건 나인데 자리를 비켜 달라 말하는 새가 있다. 구름 한 스푼 녹여 놓고 실랑이 끝에 우리는, 서로의 이름을 묻고 어찌 살았는지를 묻는다. 길에서 태어나 길에서 알을 낳아 기르기를 여러 번. 이제야 길에서 보낸 절반의 이야기로 새는 손등 검버섯 숫자를 부리로 콕콕 쪼며 꺼내는 이야기. 잔설이 유리창 얼룩을 지도처럼 펼치고, 꽃신 구겨 신고 추던 바라춤. 나보다 중력에 더 민감한 새를 오늘 만나다니! 먼 산 넘어 그럭저럭 잘살고 있다는, 전생의 내 사랑 안부 한쪽 물고 와서는 찻잔에서 피어오르는 수증기를 딛고 후투티! 아지랑이 속으로 훌쩍 날아가, 소실점이 되는 새여. 그 누구의 자리일 수도 없는 한 자리를 두고, 나 아등바등했던 지난날이 슬며시 부끄러워지고

### 해설

   봄날 전원의 한 카페에서 우연히 만난 새. 후투티를 시인은 그냥 두지 않는다. 창안으로 끌어들여 한 자리를 내어주면서 조곤조곤 이야기를 나누는가 하면 어찌 살았는지, 안부를 물으면서 무관함을 유관함으로 슬쩍 바꿔놓은 시적 기교는 이미 자신이 시인임을 충분히 증명하고 있다. 이렇듯 무릇 시인은 지금 후투티를 통해 전생쯤 연인의 안부를 전해 듣고 있으며, 길 위에서 시작되어 길 위에서 끝나는 한 생의 고단한 여정은 물론, 운명까지 위무하고 있다. 봄인가 했는데 어느새 또 봄이 되는 빠른, 시간에 속도를 알리는, 남은 날의 시간에 바늘은 쉬지 않고 돌고 있음에 울컥 서러운 봄. 바라춤을 등장시켜 봄의 혼령을 위한 제를 올리고 있다.

## 그 얼굴이 내 얼굴

　　이승권


입사 기념 동기들 만남이
오십 주년을 이어, 오늘에 이르렀다

청운을 타고 하늘을 오르다가
지친 날개로 만났어도, 모두가
반가운 인사다

백암온천 탕 뿌옇게 서린
김 속에 함께 들어 서로의 흰머리
쳐다보다가 소리 없이 웃는다

구름 위에서 무엇을 보았느냐고
안부를 묻는, 그 얼굴이 바로 내 얼굴

입가에 쓴웃음 짓는다

반세기 너머의 일들은
굳이 묻지 않거나, 따지지 않는다

해설

  입사 동기 모임이 오십 주년이 되었다고 하니, 시인의 연조가 대충 짐작이 된다. 이 시는 아무런 장식이 없이 잔잔하게 써 내려간 게 특징이다. 입사는 같이했어도, 개중에는 평사원으로 마친 사람도 있고 임원이 된 사람도 있을 것이다. 나름의 갈등은 많았겠지만 나이 들고 보니, 그 얼굴이 내 얼굴이다. "청운을 타고 하늘을 오르다가/ 지친 날개로 만났어도, 모두가/ 반가운 인사다" 아마도 모여서 백암온천엘 간 것 같은데, 벌거벗고 탕 속에 들고 보면 늙었다는 것, 말고 무슨 차이가 있을까? 빈 몸으로 왔다가 빈 몸으로 간다는 말도 있듯이 "소리 없이 웃는다,", "쓴웃음 짓는다"가 이 시의 정황인 것이고, 지난 일은 굳이 묻거나 따지지 않는 잔잔한 어떤 삶의 여백을 잔잔하게 기교 없이 그려놓고 있다.

## 옷장, 어느 2월의

조가경

두꺼운 옷 사이에 낀 얇은 티셔츠가
장롱문을 연다

구석진 곳에서 오래 머문 스웨터 사이로
바람 든 어깨를 들이민다

빈손으로 받들고 선 마른 등짝을
동면에 든 짐승에게 입혀줄까

쓰다 만 일기장 보며 이제야 생각났다는 듯
덩달아 끄덕이는 옷걸이에도
더는 춥지 말라고 입혀주는 옷

날씨가 열어주는 서랍장에 맞춰
잘못 찾아온 바람에게
속지 말자, 더는 속지 말자! 소리친다

아직은 때가 아닌 듯 보온 내의 꺼내 입는다

가시 삭아 내린 나뭇단 풀어
방바닥을 뜨끈하게 데웠다 한들

문밖은 아직 엄동설한인 것을

### 해설

　　세상은 아직 춥다. 2월이기 때문이다. 봄이 오지 않았기 때문이다. 두 쪽으로 갈린 시국이 국가라는 집의 문틀을 좌 쪽으로 비틀어 놓았기 때문이다. 내 마음은 얇고 보드랍고 폼나는 티셔츠를 꺼내입고 싶은데 문틈으로 내다보는 밖은 몰아치는 한파다. 장롱문을 열고 손에 들고 망설이는 시인의 동작에는 엉뚱하지만 다정한 감정이 스며있다. "빈손으로 받들고 선 마른 등짝을/ 동면에 든 짐승에게 입혀줄까"가 그렇다. 또한 "쓰다만 일기장 보며 이제야 생각났다는 듯/ 덩달아 끄덕이는 옷걸이에도/ 더는 춥지 말라고 입혀주는 옷"은 또한 얼마나 엉뚱하면서도 시인 자신은 아니더라도 "옷걸이"를 생각하는 발랄함은 시의 재미를 더해 준다. 속지 말자, 더는 속지 말자! 소리치는 시인은 아직은 때가 아닌 걸 알기에 보온 내의를 꺼내 입는다. 그리곤 세상을 향해 가시 삭아 내린 나뭇단을 풀어 방의 윗목까지 데우려는 다정함을 곁들여 보여주고 있다.

## 화두

임서윤


구부러진 마음이 전나무 숲길에 들었는가
흘러온 숲길이 마음을 구부렸는가

은밀한 속삭임으로 접어 둔 여긴
안쓰러움도 미소가 되는 월정사 산길
긴 머리 흩날리며 걷다가 서다가
눈감은 삭발탑 고요한 그늘
휘휘 고개 돌려 살핀다

간절함이 이끼꽃으로 앉았다

도처의 사연들 잘라 모아 쌓아 올렸다는 탑
삿된 마음 무성하던 자리에 똑똑 떨어지는
한 방울 눈물이 보였다

푸석한 밤송이가 발끝 간질이는 숲길
오후의 적막에 또 누가, 드시나
검퍼런 정강이로 모여든 사람들에게

석조보살좌상은 무릎 꿇은 설법이다

전나무 숲을 깨금발로 건너온 그믐달이
상념 섞인 풍경소리로
울컥울컥 탑의 기단을 흔든다


**해설**

 두 개의 화두를 던지면서 시는 시작되고 있다. 하나는 "구부러진 마음이 전나무 숲길에 들었는가"이고, 다른 하나는 "흘러온 숲길이 마음을 구부렸는가"이다. 시의 배경은 월정사 산길이고 딱! 눈 마주친 것은 눈감은 삭발탑 고요한 그늘 속의 간절해 보이는 이끼꽃이다. 이끼꽃을 보았다는 것은 그만큼 자신의 자세를 낮춘 것이고, 눈만이 아닌 귀로 코로 손으로 이끼꽃을 만난 것이다. 이끼꽃 앞에서 삿된 마음 무성하던 자리에 똑똑 떨어지는 한 방울 눈물의 주인은 시인이 아닌지? 아무튼 시인은 어떤 깨달음을 구하려 던진 화두는 허사가 된 것은, 아닌지? 번뇌 망상을 내려놓아도 보일까 말까인 길이 이끼꽃에 발 묶여 동동거리고 있음이라니! 검퍼런 정강이로 모여든 사람들에게 되려 석조 보살상이 무릎 꿇고 법을 설하다니! 이쯤 되면 그믐달이 상념 섞인 풍경소리로 울컥울컥 탑의 기단을 흔든다고 해도 무방하겠다.

## 구워지는 오후

김정아

소리 내어 울어 본 적 있는 당신이라면
천년 이팝나무에 몸 기대는 순간
엄마의 자궁 속 온도를 기억하죠

늘 같은 보금자리에 드는 새들에겐
각기 다른 페르소나가 생겨나요

뒤편의 이야기는 함부로 드러낼 수 없죠

멍이거나 실금조차도 홀로 견뎌온 상처라고
태생 다른 그대에겐 말하기가 쉽지 않아요

나무의 흠을 두고 딴죽 걸던 그가
난데없이 화를 내기라도 한다면
그런 나를 내팽개칠지도 몰라요

혈관까지 터트릴 갑옷 속 몽상일지라도
기대어오는 열기는 꾹 참고 견뎌야만 해요

〉
하늘이 구워준 알의 흰자위를
불러들인 벌들이 야금야금 갉아먹을 때
오월 이팝나무는 견딤 뒤의 세월을
한꺼번에 꽃으로 터트리죠

작은 날개들 윙윙거리던 우듬지 속으로
날아드는 저녁의 새들 얼핏 보여요


**해설**

 하늘이 구워준 알의 흰자위를/ 불러들인 벌들이 야금야금 갉아먹을 때/ 오월 이팝나무는 견딤 뒤의 세월을/ 한꺼번에 꽃으로 터트리죠" 이 시 속의 나무가 이팝나무라면 아마도 시인 자신은 오월 이팝나무일 것이고, 자신과 당신(그대)=새 사이에는 분명 모종의 사건과 갈등이 존재하고 있음에, 시인은 지금 오후를 향한 인생길에 접어들면서 "함부로 드러낼 수 없는 멍이거나 실금조차도 홀로 견뎌온 상처"임을 자각하고 있다. "혈관까지 터트릴 갑옷 속 몽상일지라도/ 기대어오는 열기는 꾹 참고 견뎌야만 해요"라며 어떤 각오까지 보여주면서 흰 이를 드러내어 웃고 있는, 울음조차 웃음(꽃)으로 바꾸어 놓으면서 혈관까지 터트릴 갑옷 속 몽상을, 잘 구워진 오후엔 보여주겠다는 당찬 의지를, 이 시는 의미로 담고 있다.

# 애니콜

　　권영숙


주인 잃고 서랍 속
이리저리 뒹구는 폴더 전화기
방전된 몸에 전류를 넣으니
애니콜~애니콜 응답을 보내온다

습관처럼 뚜껑 열자
가장 먼저 윗줄에 선명한 닉네임 "여왕벌"이
낯설지 않은 눈짓이다

이 전화기 이승에 두고 떠난 그대는
모든 후회나 쓸쓸함 빈 가슴 자락에 묻은 채
"애니콜" 다음 방문지는 찾았을까?

한 줌 재로, 대전 현충원에 터를 잡은 후
그대는 권력의 이력들 눈치 보느라
주눅 들지나 않을는지

그가 매만지던 네모난 모서리마다 여왕벌은 그대로인데

높낮이로 흔들리던 호흡 뒤
창백하던 그 얼굴 구름 너머에서 휠체어 타고 내려와
꽃의 귀에 아직도 여전히 들려주는

"애니콜, 애니콜"

### 해설

  시인은 버려져 주인 잃은 폴더폰 즉 스마트폰 초창기쯤에 출시된 낡은 전화기를 아직도 버리지 못하고 가지고 있나 보다? 전화기 속에 담긴 기억을 고스란히 소환하는 이 시는 방전된 몸에 전류를 넣으면서부터 시작된다. 가장 먼저 윗줄에 선명한 닉네임 "여왕벌"이 아마 자신을 지칭한다는 것을 암시하면서 이 전화기의 주인은 자신을 여왕벌이라 불러주던 사람의 유품인 것을 알 수 있는데, 그는 이 전화기를 두고 이승을 떠난 모든 후회나 쓸쓸함이 빈 가슴 자락에 묻은 채 다음 방문지는 찾았을까? 시인의 걱정스러운 마음이 또한 응답을 보내고 있는 애절한 이별 시이다. 그의 육신은 현충원 한 모퉁이에 자리 잡았지만, 현충원이란 살았을 적 그나마 쟁쟁했던 사람들이 묻힌 곳이고 보니, 주눅 든 건 아니겠지, 애니콜로 안부를 묻고 있다. 애타는 목소리로 여왕벌이라 불러줄 그에게 시인은 그가 좋아하는 꽃으로 화답하는 것이다.

## 보조개 사과

김주명

장호원 형수에게서 택배 박스가 왔다
열어보지 않아도 알 만큼 매직으로 "보조개 사과"
대체 얼마나 맛나길래 사과에 보조개가 다 폈을까?
기실, 이랬다
제 무게를 견디지 못해 떨어진 낙과이거나
먼저 벌레가 조금 먹었거나, 포장하다 흠집이 난 사과라고
아! 그리해서 얻은 게 보조개라면
어디 보조개 한두 개쯤 없는 생이 있을까?
사과의 단내가 서설처럼 내리는 오늘은
나 붉게 물든 그대 뺨에 내린 보조개
두 눈 딱 감고 훔쳐내리라

### 해설

 따듯한 시인의 심성이 잘 표현된 시다. 상품이 되지 못한 사과를 고맙게 받은 것도 그러하고 사과를 보낸 장호원의 형수 또한 "흠"을 보조개라고 매직으로 박스 상자에 쓴 것은 예사로운 안목이 아니다. 멀쩡한 사과는 아니니 부담 갖지 말라는 아량일 수도 있겠다. 아무튼 그러한 사과 상자를 앞에 놓고 "어디 보조개 한두 개쯤 없는 생이 있을까?"라는 직관 섞인 물음의 문장을 떠올리는 시인의 능청이 이 시를 평범한 사실에 메타포를 얹어주고 있어 시의 감칠맛을 한결 더하고 있다. "나 붉게 물든 그대 뺨에 내린 보조개/ 두 눈 딱 감고 훔쳐내리라" 또한 어떠한가? 아마도 나 또한 흠결을 가진 나, 라는 말일 테고, 그대는 사과이면서도 볼에 보조개를 지니고 있어, 웃을 때 더 웃음이 빛나는 사과는, 낮은 곳의 상징일 수도 있겠다.

## 모성 본능

### 정연희

보란 듯이 봉곳한 젖가슴으로
눈빛 신호를 보내는 어미개
산통이 고통스러운지
혓바닥이 더욱더 붉어진다
개집에 헌 이부자리 깔아주자
누가 가르쳐 준 적 없는데도
힘주어 새끼 낳고 탯줄을 물어뜯는다
저것이 생의 원초적 본능인가
찔레가 울타리를 넘는 봄날
개와 나의 시선은 어느 사이 하나다
끝내 세상 빛 못 본 체중미달 한 마리
피 묻은 온몸 구석구석
어미 개는 붉은 혀로 핥고 또 핥는다
눈 뜨지 못한 새끼들을 어미는 감싸안고
나는 어미개를 부둥켜안는다

### 해설

    자신이 낳은 아이를 일말의 죄책감도 없이 내다 버리는 잘못된 사회를 향해 울리는 어떤 경종에 가까운 시로 읽어도 무방하겠다. 모성의 위대함을 개를 통해 그려내고 있는 이 시는, 어미개가 새끼를 어떻게 낳고 기르는지 관찰하고 기록하므로 개에 대한 인간의 사랑이 그냥 생겨난 게 아님도 넌지시 알려주고 있다. 새끼를 낳으려는 어미개가 어떤 눈빛으로 주인에게 도움을 구하는지, 혀가 붉어지는 현상까지 유심히도 살핀 시인은 이부자리를 깔아주는 행위를 진술하고 있으면서 "누가 가르쳐 준 적 없는데도/ 힘주어 새끼 낳고 탯줄을 물어뜯는다// 저것이 생의 원초적 본능인가"라는 직관을 발견하기도 하는 시인은 낳은 새끼를 핥는 혀의 온기와 부드러움을 가진, 한편의 기록과 같은 시 안에서 시인의 심성은 참으로 따스하다.

## 그리운 소통

전기웅


젖 물고 자란 둥지를
떠나보내는 어미 원앙의 지시에 따라
젖살이 남은 새끼 원앙이
가파른 절벽을 뛰어내린다
50그램의 원앙이 세상과 처음 만나는 순간은
온몸 멍이다
어린 원앙에게 붉은 독기를 품게 한 건 무엇일까?
갯벌처럼 온몸을 드러내는 바다처럼
현실을 직시하려면 믿음이 먼저다
둥지와의 결별을 선언하고
여정이 힘겨울 때도
원앙은 어미의 젖꼭지를 기억한다
잰걸음으로 사라지는
먼 풍경 속 원앙을 바라보며
한 사람만을 위해 꽃을 피웠던
한때 내 사랑을 떠올린다

### 해설

　어미 원앙의 젖꼭지는 둥지와 결별한 새끼의 원초적 고향일 것이고, 또한 삶의 여정이 힘겨울 때도 떠올리면 위무가 되는 사랑의 상관물인 것이다. 조류인 원앙에게도 젖꼭지가 있는지는 알 수는 없으나, 대개는 포유류들은 젖을 먹인다. 결국 자식과 어미의 말 없는 소통이 이루어지는 것을, 시인은 발견해 낸다. 이 시는 독특한 시각이 번뜩이는 시이다. 또한 가파른 절벽을 뛰어내리는 새끼를 짠하게 바라보는 어미 원앙의 심정도 시 안에 녹이 있다. "50그램의 원앙이 세상과 처음 만나는 순간은/ 온몸 멍이다"라고, 이야기하면서 시인은 슬그머니 어머니의 사랑만이 아닌 "잰걸음으로 사라지는/ 먼 풍경 속 원앙을 바라보며/한 사람만을 위해 꽃을 피웠던/ 한때 내 사랑을 떠올린다"라며, 떠나는 새끼와 연인을 동일한 하나의 수평 저울에 올려놓고 있다.

## 기억, 잃어버린

    이은희

푸른 눈 청포도가 계절마저 잃고
낯선 길을 헤매고 있다

'파란 잠바를 입고 뿔테 안경을 쓴 83세 아버지를 찾습니다.'

진동하는 긴급 문자 속 아버지가
길을 잃어버린 내 아버지가 아니길

간절히 빌어본다, 내리는 눈발에 닿은 입술이
지구의 저편에서는 눈 내리는 창가를 바라보며
열대과일을 씻고 있는데

김 오르는 라떼 잔을 앞에 둔 내 입술이
순간 남의 일 같지 않아서 뜨겁다

부디 더는 헤매지 않고 돌아오시길

### 해설

    한 편의 시 안에서 여름과 겨울이 동시에 배경으로 등장하고 있다. 아마도 치매에 걸린 사람이 여름옷 겨울옷 구분하지 못하는 것처럼, 청포도의 계절에 집을 이탈한 한 사람 '파란 잠바를 입고 뿔테 안경을 쓴 83세 아버지'의 망가진 뇌 구조 또한 그러하지 않을까, 요즘 가끔 전화기 공공 안내 문자에 등장하는 사람을 찾는 문자가 시인에게는 남의 일 같지 않게 느껴진 것이다. 그 점이 이 시의 주요 모티브다. 그냥 스치는 생각만이 아닌 한편의 시 속에 생동감 있게 우려내는 순발력이 느껴진다. 감성이 따듯한 시인은 "간절히 빌어본다, 내리는 눈발에 닿은 입술이/ 지구의 저편에서는 눈 내리는 창가를 바라보며/ 열대과일을 씻고 있는데"에서는 애타게 집 나간 그가 얼른 돌아오기를 바라는 시인은 진심이 독자에게 울림으로 전달되어 우리 사회의 어두운 단면까지 환하게 밝히고 있다.

# 상수리나무

박만성


퇴근하는 나를 길이 먼저 품는다

발걸음을 다독이며 발아래 수런거리는 먼지들
생각 속에 갇혀 있는 난
한숨 몰아쉬다가 떨어지는 도토리를 본다

공원 등산로를 따라가다 서 있는 표지판은
무덤가로 가는 길을 가르치고
난 그곳이 정상으로 가는 길인 줄 알았다

숲에 생각 없이 들어왔으면 생각 없이 떠나라고
먼저 올라간 발자국을 보여주는 길

까마귀 소리가 나를 흔들수록
길은 오르막과 내리막이 연결되어 있어
나는 나를 산속에 가두고 말았다

어둠 내리는 산길
무겁게 정상으로 오르는 길만이
목표가 아니라고 재촉하며 가빠오는 숨

〉
굴러가는 나를 잠시 길 위에 내려놓는다

### 해설

  한 가장이 짊어진 삶의 어떤 무게가 느껴지는 시로 읽힌다. 혼자가 아닌 가족을 먹여 살려야 하고, 직장에서는 승진이 아니면 중도 퇴직을 해야 하는 어떤 압박감이 퇴근길에 잠시 공원 산책로에 들어 살아온 날과 살아갈 날의 무게를 재고 있음의 한 여정, 그런 느낌의 시로 읽힌다. 시인이 걷고 있는 산길의 상수리나무가 가을이 되어 잎을 말리고 몸 안에 품었던 자신에 유전자를 빼닮은 도토리를 좀 더 멀리 떠나보내는 그런 번식의 현장에 시인은 지금 초조한 심정으로 서 있고, 시간적으로는 어둠이 내리는 저물 무렵인데, 결국 시인은 '무겁게 정상으로 오르는 길만이/ 목표가 아니라고 재촉하며 가빠오는 숨' 차오르는 그런 숨을 느끼면서 길 위에서의 제대로 된 숨 고르기 동작을 보여주고 있다.

# 쓸쓸비

　박영선


피라칸타꽃 빛깔에 취한
하늘의 눈동자

끄덕끄덕 노을빛에 물든다

그 모습 시샘하듯
등 젖은 비둘기는
온종일 추적거린다

한기 도는 몸 부르르 떤다

피라칸타꽃 그 언저리
한때 내 그리움도 저 같을 때가 있었다

처연하게 처연하게

그 누구를 향해 빗속을 나 우산도 없이
휘청휘청 맨발로
다가갈 때가 있었다

### 해설

　비에게 붙여진 이름은 수도 없이 많다. 그런 이름들을 두고 시인이 붙인 이름은 '쓸쓸비'이다. 이렇듯 기존의 사물이 본래 지니고 있던 이름 너머의 새로운 이름을 붙여 주고 불러주는 것, 또한 시인이기에 가능한 것이다. 하늘을 커다란 눈동자로 보는 시인은 피라칸타꽃 빛깔에 취한 채 끄덕끄덕 동작을 보이면서 노을빛에 물든다고 쓰고 있다. 그런 하늘의 모습에 시샘이라도 하듯 하늘을 영역에 두던 비둘기는 한기가 도는 젖은 등을 부르르 떤다. 나도 그렇다는 말은 결국 내 그리움도 저럴 때가 있었다는 고백으로 드러나며 처연하게 휘청휘청 걸어가는 맨발의 기억을, 그 추적거리는 쓸쓸한 비속 한순간을, 하늘의 눈에 적나라하게, '쓸쓸비'라는 이름으로 보여주고 있다.

**형상시학 13집**

하늘 속의 별을 밥인 듯 먹으며

인쇄 | 2025년 10월 25일
발행 | 2025년 10월 30일

글쓴이 | 임서윤 외
펴낸이 | 박윤배
펴낸곳 | 잉어등
　　　　42933 대구시 달성군 가창면 가창로 1103번지 2층
　　　　전화 010-9187 1044
　　　　팩스 053) 767-1044
　　　　등록일 | 2023년 7월 17일
　　　　등록번호 | 제2023-000009호
　　　　이-메일 | rudnfvksghk@hanmail.net

ⓒ 임서윤, 2025, Printed in Korea
저자와 협의하여 인지를 생략합니다

ISBN 979-11-995194-2-8　03810
값 15,000원

* 이 책의 판권은 저작권자와 잉어등에 있습니다.
* 이 책 내용의 전부 또는 일부를 재이용하려면 양측의 동의를 받아야 합니다.

# 형상시창작원

010-9187-1044
rudnfvksghk@hanmail.net

가 창!
찐빵집 많은 동네
면사무소 건너편 2층